国家社科基金
后期资助项目

金在权因果排斥论证研究

Research on Jaegwon Kim's Causal Exclusion Argument

李奎 著

华东师范大学出版社
·上海·

图书在版编目（CIP）数据

金在权因果排斥论证研究／李奘著．—上海：
华东师范大学出版社，2021
ISBN 978-7-5760-1671-0

Ⅰ.①金… Ⅱ.①李… Ⅲ.①金在权—因果论—研究
Ⅳ.①B025.5

中国版本图书馆 CIP 数据核字(2021)第 142323 号

金在权因果排斥论证研究

著　　者　李　奘
责任编辑　吕振宇
审读编辑　朱　健　唐　铭
责任校对　时东明
装帧设计　刘怡霖

出版发行　华东师范大学出版社
社　　址　上海市中山北路 3663 号　邮编　200062
电　　话　021-60821666　行政传真　021-62572105　客服电话　021-62865537
网　　址　www.ecnupress.com.cn
门市地址　上海市中山北路 3663 号华东师范大学校内先锋路口　邮编　200062
门市(邮购)电话　021-62869887
网　　店　http://hdsdcbs.tmall.com

印　刷　者　上海昌鑫龙印务有限公司
开　　本　787×1092　16 开
印　　张　9.75
字　　数　172 千字
版　　次　2021 年 10 月第 1 版
印　　次　2021 年 10 月第 1 次
书　　号　ISBN 978-7-5760-1671-0
定　　价　50.00 元

出版人　王　焰

（如发现本版图书有印订质量问题，请寄回本社客服中心调换或电话 021-62865537 联系）

国家社科基金后期资助项目
出版说明

后期资助项目是国家社科基金设立的一类重要项目,旨在鼓励广大社科研究者潜心治学,支持基础研究多出优秀成果。它是经过严格评审,从接近完成的科研成果中遴选立项的。为扩大后期资助项目的影响,更好地推动学术发展,促进成果转化,全国哲学社会科学工作办公室按照"统一设计、统一标识、统一版式、形成系列"的总体要求,组织出版国家社科基金后期资助项目成果。

全国哲学社会科学工作办公室

目 录

引 言 ·· 1
  第一节　金在权与当代心灵因果性讨论 ······························ 1
  第二节　基本问题的提出 ··· 3
    一、心灵的因果效力及其重要性 ······································· 3
    二、因果排斥问题及其产生的基本背景 ····························· 5
  第三节　本书的结构 ·· 7

第一章　非还原物理主义与心灵因果问题 ································ 10
  第一节　非还原物理主义的基本理论图景 ···························· 10
  第二节　最低限度的非还原物理主义纲要 ···························· 15
  第三节　多重可实现论证与因果力的继承 ···························· 17
  第四节　异常一元论与心灵的因果效力 ······························· 24

第二章　因果排斥论证的论证结构 ··· 30
  第一节　因果排斥问题的基本直觉 ······································ 30
  第二节　物理因果封闭原则 ··· 34
    一、物理因果封闭及其经验科学依据 ································ 34
    二、物理因果封闭原则的恰当形式 ··································· 36
    三、物理因果封闭原则的哲学意蕴 ··································· 41
  第三节　因果/解释排斥原则 ·· 42
    一、从机械论的可设想性到解释排斥 ································ 42
    二、解释实在论与因果/解释排斥 ······································ 48
  第四节　因果排斥论证的作用机制 ······································ 50
    一、因果排斥论证的构造形式 ··· 50
    二、因果排斥论证的论证步骤 ··· 55
  第五节　论证的结论和功能还原方案 ··································· 62

1

第三章　应对因果排斥论证的因果理论策略 …… 68
第一节　非还原物理主义的出路 …… 68
第二节　反事实因果策略 …… 72
　　一、反事实因果策略的基本构想 …… 72
　　二、反事实因果策略与下向因果问题 …… 75
　　三、反事实因果策略与过度决定情形 …… 79
第三节　干预主义因果策略 …… 82
　　一、干预主义因果策略的基本构想 …… 82
　　二、干预主义因果策略与排斥原则的限度 …… 85
　　三、对干预主义因果策略的两类质疑 …… 89
第四节　产生式因果策略 …… 93
　　一、金在权对反事实因果策略的批评 …… 93
　　二、产生式因果理论与因果排斥 …… 98

第四章　应对因果排斥论证的事件、属性理论策略 …… 102
第一节　推广论证与因果泄漏 …… 102
　　一、因果排斥在特殊科学问题中的推广 …… 102
　　二、金在权对推广论证的消解策略 …… 104
第二节　解释排斥与事件的本体论策略 …… 107
　　一、解释实在论与外在的个体化标准 …… 107
　　二、多重解释与因果相关属性 …… 110
　　三、构成性属性策略与解释排斥原则 …… 112
第三节　特普理论与属性的本体论策略 …… 116
　　一、基于特普理论的属性策略 …… 116
　　二、特普层面的因果相关属性问题 …… 119
　　三、特普与多重可实现性问题 …… 121
第四节　双重阻隔策略与因果力的本体论 …… 123
　　一、倾向因果理论 …… 123
　　二、双重阻隔策略 …… 126
　　三、双重阻隔策略面临的两个问题 …… 128

结　语 …… 131
参考书目 …… 134
后　记 …… 148

引　言

第一节　金在权与当代心灵因果性讨论

　　心灵因果（mental causation）问题是当代心灵哲学的核心问题之一，而因果排斥论证又是其中最受关注和争议最多的部分。该论证旨在表明：在广义的物理主义背景下，任何事件的心理原因和物理原因只要不被视为同一原因，它们之间都会存在因果竞争，最终心理原因会被物理原因所排斥，即心灵属性或事件没有任何因果效力。除此之外，这个论证也经常被推广到心理学相对于物理学是否具有自主地位这类特殊科学（special sciences）问题的讨论中，因而具有广泛而深远的理论意义。

　　当代因果排斥论证的提出者，是著名美籍韩裔哲学家金在权（Jaegwon Kim）。金在权于 1934 年 9 月 12 日出生于韩国大邱。1953 年，他进入首尔国立大学法国文学专业学习。两年后，他转入美国达特茅斯学院继续学业，专业为法语、数学和哲学。本科毕业后，在著名逻辑经验主义哲学家卡尔·亨佩尔（Carl Hempel）的鼓励下，金在权进入普林斯顿大学哲学系学习。1962 年，以导师亨佩尔的科学解释理论为主题的论文通过答辩后，金在权获得博士学位，随后执教于斯沃斯莫尔学院。1963 至 1967 年他接替威斯利·萨尔蒙（Wesley Salmon）的教职，开始在布朗大学讲授科学哲学和逻辑。之后，他又先后在康奈尔大学、圣母大学、约翰斯·霍普金斯大学和密歇根大学安娜堡分校等多所学校任教。最后，金在权于 1987 年回到布朗大学出任威廉·赫伯特·佩里·方斯讲席教授，直至 2014 年荣休。在其漫长的学术生涯中，金在权还担任过美国哲学协会中部分会主席，并于 1991 年当选为美国人文与科学学院院士。此外，金在权与恩斯特·索萨（Ernest Sosa）曾共同担任著名哲学期刊《努斯》（Nous）的联合主编。2019 年 11 月 27 日，金在权逝世。

　　在论及自己的哲学传承时，金在权认为，亨佩尔重视清晰性和可靠论证的哲学风格对他而言具有塑造性的(formative)影响。此外，布朗大学的前辈哲学家罗德里克·齐硕姆(Roderick Chisholm)也对他影响尤深。金在权认为，从齐硕姆那里获益最深的就是一种"对形而上学的无所畏惧"，并坚信如果没有齐硕姆的影响，自己绝不可能如此轻松地转入形而上学和心灵哲学的研究。① 实际上，正是在这两个领域，金在权做出了他最重要的理论贡献。

早在20世纪五六十年代，金在权就接触到由赫伯特·费格尔(Herbert Feigl)和杰克·斯玛特(J. J. Smart)倡导的心-脑同一性理论(mind-brain identity theory)，后者宣称心灵事件(event)就是大脑事件。然而他发现，对于事件是什么，以及事件在什么条件下具有同一性这些最基本的问题，在当时的哲学界还缺乏清晰的界定。此外，在博士论文的写作过程中，他也意识到当时的科学解释理论对事件的理解同样是不清楚的。这都促使金在权在70年代提出了作为属性例示(property exemplification)的事件理论，即后来所谓的"金事件"(Kim-event)。这种事件理论与戴维森(Donald Davidson)的事件理论一道，已成为今天形而上学中关于事件讨论的两种主要模式。

同样在70年代初，戴维森复兴了哲学中对"随附"(supervenience)概念的讨论。"随附"原先是被道德哲学家黑尔(Richard Hare)引入当代哲学的，用来表示道德属性与物理属性之间的依赖关系。戴维森借用这个概念来刻画心灵与物理属性间的依赖和共变关系。金在权在整个80年代为随附概念的界定和阐释做了大量工作，堪称该领域最重要的理论家。他依据模态强度所区分出的"弱随附"(weak supervenience)、"强随附"(strong supervenience)和"全局随附"(global supervenience)，至今仍是心灵形而上学中的重要概念工具。而心灵属性是否随附于物理属性在今天也被视为判定物理主义立场最基本的标准。

20世纪80年代初是金在权进入心灵因果性领域的开端。当时，在戴维森提出其著名的异常一元论(anomalous monism)后，金在权和许多哲学家一道随即对其展开批判。他们近乎一致地认为，戴维森理论的主要问题是其蕴涵了心灵属性的副现象论(epiphenomenalism)的后果。这场争论也标志着古老的心灵因果问题在当代心灵哲学讨论中的复兴。自80年代末以来，金在权在一系列论文中提出并逐渐完善了"因果排斥论证"(causal exclusion argument)和与之相伴的"随附论证"(supervenience argument)的构造，将关于心灵因果作用的讨论带入了一个新的阶段。在此之后，心灵因果性争论的重心由对作为异常属性的心灵是否具有因果效力的讨论，逐渐转变为对物理

---

① 参见 Ephilosopher 对金在权所做的采访(http://m.blog.naver.com/sellars/100036740078)。

世界中的心灵属性何以具有其因果效力的讨论,这种局面一直延续至今。类似于当代知识论中的盖梯尔问题(the Gettier problem)之于对知识定义的讨论,今天心灵哲学对因果排斥问题的应对,已构成了心灵因果性讨论的主要内容。最近几年,随着形而上学、科学哲学中反事实因果理论、干预主义因果理论、特普理论、能力(power)的本体论等理论的发展和完善,应用新理论工具和概念手段构造的应对策略大量涌现,使得排斥论证再度成为心灵哲学讨论的热点。

第二节 基本问题的提出

一、心灵的因果效力及其重要性

心灵因果问题与哲学中的两个根本问题密切相关。一方面,人的能动性(human agency)必然预设了心灵具有因果效力;另一方面,心灵何以具有因果效力与心灵在世界中的位置这一更为根本的问题密切相关。前者要求我们必须给予心灵因果效力以充分的考察,而后者则要求这种考察必须在特定的心灵理论背景中展开。

我们通常理解的心灵因果作用,是指任何涉及心灵事件的因果关系。由于广义的物理主义立场已成为当前英语世界的哲学研究者们所普遍预设的"世界观"(Weltanschauung),所以当代心灵哲学很大程度上是在讨论物理主义背景下的心灵因果关系问题。心灵因果作用也因此可以分为:从心灵到心灵(mental to mental)、从心灵到物理(mental to physical)和从物理到心灵(physical to mental)这三类情形。

第一,心灵具有因果效力之所以重要,归根结底是由我们人类作为能动者(agent)的地位所要求的。一个能动者,是指一个有着自由意志的个体,他能根据自己的意图或信念来展开行动。不难看出,有目的的行动或意向行为中通常都包含了心灵因果作用。例如,我从冰箱中取出一杯冰水来喝,可以说,这一行动是出于解渴的愿望。除此之外,它还可能伴随着如下信念:我相信喝冰水可以解渴,我相信可以通过打开冰箱来取出冰水,等等。显然,在这个行动的理由或原因中所涉及的愿望和信念都是心灵事件。[①] 我们看到,

---

[①] 本书中涉及"事件"的讨论,如无特别说明,基本上预设的是金在权的事件理论。这意味着,一个事件就是:在某一时刻,某个实体对某种属性的例示。相应地,一个心灵因果作用过程可以表达为:一个心灵属性的例示导致了某个心灵(或物理)属性被例示。

在戴维森的著名论题"理由(reason)即原因"那里,心灵事件作为行动的原因这一点得到了格外的强调。

总之,否认心灵因果作用的可能性,就相当于否认人类作为理性能动者的可能性。杰瑞·福多(Jerry Fodor)曾就这个问题做出过如下著名的论断:

> 实际上,我并非如此深信心灵究竟是不是物理的会有多么要紧,对于我们能否证明这一点有多么重要更不深以为然。然而,以下事实如果不是确实为真的话,即:我想要某物是我去拿它的原因,我痒了是我去挠的原因,我具有信念是我说出它的原因……如果以上事实都不是确实为真的话,那么我所相信的一切事情都将几乎是假的,那可真是世界的末日!(参见 Fodor, 1990:156)

第二,心灵因果作用的可能性还关系到道德评价何以可能。因为,只有那些具有自由意志或出于自身理由而行事的能动者,才能被给予有效的道德评价。同时,我们只能沿着因果链条去追究某项行为的道德责任。例如,对梦游者或精神分裂症患者行为的道德评价之所以困难,就在于难以确认或追溯其行为和理由间的因果链条。在当代道德哲学和自由意志理论的讨论中,这一点被给予了格外的关注。对认为自由意志与决定论无法调和的不相容主义者来说,我们是否具有可供取舍的可能性(alternative possibilities)是格外重要的。一个行动者在某个时刻对于自己的特定行动具有可供取舍的可能性,是指他在该时刻不但能够实施该行动,而且能够自由选择不实施该行动。这条原则被很多哲学家视为自由意志的必要条件。虽然这在自由意志问题的讨论中尚存有争议,但是不难看出,能够选择其他可能性而展开行动显然是以预设心灵因果作用——尤其是从心灵到物理的因果作用——为基础的。

第三,人类的知识得以可能要预设心灵具有因果效力。这可以从两个方面来看:

首先,从知识论中对于"什么才是真正的知识"这一知识定义问题的争论历史来看,心灵因果作用历来扮演着具有实质重要性的角色,并且这一地位在当代知识论讨论中越来越受到重视。德韦恩·摩尔(Dwayne Moore)就强调了心灵因果作用在邓肯·普理查德(Duncan Pritchard)的"反运气的德性知识论"(anti-luck virtue epistemology)中的地位(参见 Moore, 2014:13)。他认为,普理查德提出的知识理论的核心就是,知识的获取就在于消除反思的认知运气(epistemic luck)。比如某个法庭上,在听取了认为被告有罪的充分举证之后,陪审员做出了被告有罪的判断。这虽然是一个获得辩护的真信念,但其获得实际上是基于该陪审员抛硬币的结果,因此不能被算作知识。要获得真正的知识,只有消除由抛硬币引入的认知运气,因此需要强调的是从陪审员先前关于罪犯的信念到认为被告有罪的结论之间的合理推理过程,这显然是一种从心灵到心灵的因果作用。

其次,我们知道,知觉(perception)是人类认识的重要来源。不论是物体在视网膜上的成像,还是声波在鼓膜中的震动,抑或某种神经纤维的激发都预设了从物理到心灵的因果作用。而我们的实验知识,即通过对外物的主动干预来获得的实验数据或观察结果,显然预设了从心灵到物理的因果作用才得以可能。并且,通过实验而获取知识本身就是人类具有能动性的明证。

二、因果排斥问题及其产生的基本背景

心灵因果问题必须放在特定的心灵理论背景中考察。简单说来,即心灵能否改变世界这个问题,与心灵在世界中的位置这一个根本问题密切相关。并且,对后者的不同理解,直接制约着对前一个问题的解答。时至今日,物理主义已经成为英语世界哲学尤其是心灵哲学讨论中的主要立场,关于意识、心灵因果性、心灵内容等重要问题的讨论大多是在各种版本的物理主义背景下展开的。即便是持有突现论、泛心论一类思想的当代非物理主义者,也往往参照物理主义框架,来阐述自己与之相对的理论立场。

物理主义在不同物理主义者那里有不同的定义,然而就其最简单和最直观的理解而言,借用斯玛特的著名表达,物理主义就是一种宣称世界上没有物理实体之外的东西(nothing over and above)的学说(参见 Heil,2004:117)。在这样的图景下,物理实体是唯一的实体,心灵归根到底也是物理的。然而,当前大多数物理主义者还强调心灵状态有着不同于物理状态的地方,更准确地说,心灵属性(property)不能还原为物理属性,这就是"非还原物理主义"(nonreductive physicalism)的立场。

在这种理解下,心灵又如何融入一个从根本上看是物理的世界图景呢?这就是物理世界观下的心灵位置问题,即杰克逊所谓的"定位问题"(location problem)(参见 Chalmers,2002:162-169)。对此,非还原物理主义者的典型策略是这样的:一方面,从事件的层面看。他们坚持心灵事件其实就是物理事件,与此同时,心灵属性又不同于物理属性。这意味着,有的物理事件具有心灵属性或可以被心灵谓词所描述。另一方面,从属性的层面看。他们认为心灵属性虽然不能还原为物理属性,但心灵属性和物理属性之间有着某种

较为紧密的形而上学关系。根据不同的具体立场，这种关系可以用随附、实现（realization）、突现（emergence）、依赖（dependence）等概念来刻画。

我们看到，非还原物理主义似乎非常符合日常人们关于身心问题的两条最素朴的直觉：唯物主义的世界观和身心有别。但是，很多哲学家都怀疑这是否是一种稳定的或至少融贯的立场。其中，一些哲学家是从心灵因果作用的层面来提出自己的质疑的。他们认为，在非还原物理主义的立场下，心灵属性的因果力似乎难以获得解释。非还原物理主义者一般宣称，心灵属性具有独立于物理属性的因果力，这是心灵属性的自主地位所要求的。那么，这种因果力与物理属性的因果力是什么关系，是相互兼容还是相互竞争？如果二者发生竞争，依据物理主义中物理属性的本体论优先性，心灵属性会不会由此而不能发挥因果作用？

我们可以通过前文提及的一个例子来看看问题出在哪里。从前面的分析可以看到，想解渴的欲望，加上"喝冰水可以解渴"和"打开冰箱可以取到冰水"等信念，可以构成对"我从冰箱取冰水解渴"这一行动的一个因果解释。不管把它称为目的论的解释，还是意向性的解释，这都是一种诉诸心灵原因的解释，即心灵解释。就其依赖于日常经验的心理推论或出自常识的心理归纳知识而言，这有时也被称为民间心理学解释（folk psychological explanation）。显然，我们还有另一种与之相对的因果解释，即诉诸理论自然科学的解释。在这种解释下，之所以打开冰箱取冰水喝，是由于我大脑中的某些神经纤维被激发，再通过神经冲动在中枢和周围神经系统中传输，最后带动相关肌群和器官完成上述一系列动作。不管把它称为机械论的解释，还是神经生理学的解释，这都是诉诸物理原因的解释，我们可以称之为物理解释。这样，我取冰水喝这一行动就同时拥有了心灵和物理两种不同的因果解释。对于物理主义者而言，后一种解释显然是更根本的。那么，既然诉诸物理原因就能解释整个行动，我们还有保留心灵解释的必要吗？从深层看，既然是神经系统和相关器官完成了所有的因果工作，那么我们的思想、欲望、信念还有什么空间可以发挥因果作用？它们似乎只是那条深层因果链条的影子或标记，对于行动的完成并没有什么真正的因果贡献。与影子类比不同的地方在于，对于产生影子的物体，影子似乎本身就缺乏导致它们的能力。而在上面那个例子中，心灵状态本身并不是因果无能的（causally impotent），而是它们缺乏可以发挥因果作用的空间，或者说它们没有因果角色（causal role）可以扮演。从某种意义上我们可以说，在这种情形中，心灵原因被物理原因所排斥（exclude）；相应地，诉诸心灵原因的解释——心灵因果解释——也被物理因果解释所排斥。以上就是心灵哲学中所谓的因果排斥或因果解释排斥问题，而根据这一思路来建构的反对非还原物理主义的论证即"因果排斥论证"。

第三节　本书的结构

本书是关于金在权的因果排斥论证及其应对策略的专题研究。除引言之外，全书的主体部分为四章，其结构的大致安排为：第一章交代了心灵因果作用讨论及因果排斥论证的基本理论背景，第二章介绍因果排斥论证的具体构造，第三、四章分别从因果关系理论和事件、属性理论的角度分析了对排斥论证的应对策略。接下来就将各章节的主要内容依次介绍如下：

第一章主要是对非还原物理主义和与之相关的几类基本心灵因果问题的介绍。第一节从对"物理"和"非还原"两个概念的界定入手，介绍了非还原物理主义的理论概貌，此外还探讨了刻画物理主义所面临的亨佩尔悖论等理论困难。第二节介绍了非还原物理主义所应满足的三个基本条件，即心物非还原、心物依赖和心灵具有因果效力。由此出发，引入了一个最低限度的非还原物理主义立场，这也是因果排斥论证展开的基本理论框架。第三节介绍的是非还原物理主义的重要论证——希拉里·普特南（Hilary Putnam）的多重可实现性论证。对该论证的介绍，一是使读者对非还原物理主义的理论，以及"实现"这一重要概念有更深入的了解；二是金在权在对该论证的处理中，提出了在其日后的心灵因果理论中相当重要的因果继承原则和局部还原方案。本章最后一节讨论的是非还原物理主义的另一重要理论——戴维森的异常一元论。其中，本章主要关注的是异常一元论中心灵属性的因果效力问题。对该论证的介绍主要出于如下考虑：心灵因果问题的当代讨论主要由关于异常一元论心灵因果效力的重大争议引发。刻画心物关系的随附概念、类型-副现象论等与排斥论证相关的重要理论问题也在金在权与戴维森的争论中得到了最初的阐发。

第二章是对因果排斥论证结构的具体分析。第一节通过对"爱德华兹信条"的介绍，分析了因果排斥问题所预设的基本直觉。接下来的两节则是对排斥论证两条关键前提的介绍。第二节讨论的是物理因果封闭原则。其中的第一小节将讨论这条原则的经验科学依据，尤其是它与物理中能量守恒律的密切关系。第二小节讨论的是该原则适合于排斥论证前提的恰当形式。这主要是基于如下两种考虑：一是要符合经验科学的理论后果，其中关键之点是物理封闭并不完全拒斥非物理原因；二是不能仅凭物理封闭原则就完成了排斥论证的全部工作。最后一小节则初步讨论了该原则在解释理论中的对应版本。第三节是对因果排斥原则这条重要原则的介绍。其中，第一小节通过对诺曼·马尔科姆（Norman Malcolm）关于"机械论的可设想性"的讨论，介绍了金在权解释排斥原则的提出。第二小节是对解释实在论的讨论，并介绍了从解释排斥向因果排斥的过渡。第四节是对排斥论证作用机制的介绍。其中，第一小节分析了排斥论证的构造形式，并厘清了关于论证不同构造版本的若干问题。第二小节则分两阶段阐释了排斥论证的具体论证步骤，主要是依据金在权于2005年给出的归谬版本展开论证。本章的最后一节讨论的是排斥论证的结论，并对金在权自己应对该论证的功能还原方案进行了分析。

第三章是对于应对排斥论证的因果理论策略的详细讨论。第一节探讨了面对因果排斥论证的攻击，非还原物理主义有哪些可能的应对途径。第二节主要讨论的是应用因果理论来应对排斥论证的主流方案——反事实因果策略——及其存在的问题。第一小节介绍了反事实因果策略的基本构想。接下来的两个小节分别讨论了当前两类主要的反事实因果策略：第二小节讨论了以亚布罗（Stephen Yablo）、马拉斯（Ausonio Marras）、吉本斯（John Gibbons）等研究者为代表的"自主方案"。该方案主张，心灵与心灵属性之间因果作用的发生，无需通过心灵到物理属性之间的因果作用来实现。最后，本小节也讨论了该策略所面临的"下向因果"问题。第三小节讨论的是以本尼特（Karen Bennett）等研究者为代表的"过度决定方案"。其主要思路是，通过反事实因果策略来构造某种心灵原因与物理原因并存的特殊过度决定情形，从而实现因果相容主义的目标。第三节讨论的是近年来备受关注的干预主义因果策略。该策略主要依据由伍德沃德（James Woodward）等研究者近年提出的干预主义因果理论。其作用机制是：先通过适当的干预构造随机化实验，再根据心灵和物理变项间的相应变化来对因果作用加以判定。其策略试图表明，因果排斥原则在干预主义因果理论下不再成立，从而得以规避排斥。其中，本节着重介绍了里斯特（Christian List）和孟席斯（Peter Menzies）的干预主义策略，并分析了其面临的在随附框架中如何进行适当干预和多重可实现的备份机制等问题。第四节主要介绍的是金在权自己的产生式因果理论策略。第一小节首先介绍了金在权对以巴里·洛威（Barry Loewer）为代表的反事实因果策略的批评。金在权认为，反事实因果理论不足以支持和说明心灵因果作用，因此他更倾向于近似于能量流动式的产生式因果理论。第二小节进一步指出，产生式因果理论策略与金在权的因果继承原则、功能还原模型是一脉相承的，但其因果力作用机制等诸多理论细节还有待进一步说明。

第四章讨论的是基于当代事件、属性和因果力理论建构的应对排斥论证的策略。第一节讨论的是内德·布洛克(Ned Block)等哲学家提出的"推广论证"和"因果泄漏论证"。他们认为，如果将排斥论证推广到特殊科学的讨论中，必然会出现特殊科学属性的因果效力被基础物理层所排斥的情形，甚至前者的因果力有流失于无形的危险。通过对"层"和"阶"加以区分以及对"基于微观的属性"进行界定，金在权认为就此可以止住因果力的泄漏。然而，笔者认为，跨层随附等情形的存在可能使得金在权的上述策略难以完全奏效。第二节主要讨论的是因果排斥的认识论版本——解释排斥——是否成立这一问题。作为因果排斥原则在解释理论中的对应版本，解释排斥似乎并未得到其应有的关注。除此之外，金在权对解释实在论以及相应的解释个体化方式的坚持，都使得这条原则相较其因果版本更易受到攻击。受到尼尔·坎贝尔(Neil Campbell)的"构成性属性回应"思路的启发，笔者以金在权的事件理论为基础，提出了依据事件中的构成性属性所构建的解释排斥版本。第三节从当代形而上学中关于属性的特普理论出发，探讨了以之为基础构造应对排斥论证方案的具体可能性。第一小节讨论了戴维·洛布(David Robb)等研究者的特普理论策略。第二小节讨论了特普方案下的因果相关属性问题，即所谓的"作为……因致"的问题。笔者在最后一小节中通过考察特普方案对多重可实现性问题的处理，指出其方案还存在有待进一步阐发之处。第四节探讨了以倾向因果理论为基础的"双重阻隔方案"应对排斥论证的可能性。第一小节介绍了乔治·莫尔纳(George Molnar)、斯蒂芬·曼福德(Stephen Mumford)等研究者倡导的倾向主义因果理论。第二小节进而介绍以该理论为基础的索菲·吉布(Sophie Gibb)的双重阻隔方案。第三小节则是笔者对该策略的质疑：首先，双重阻隔的实现，将有蕴涵心灵事件副现象主义的危险；其次，该策略中的因果力机制还有待澄清。

在本书的结语部分，对金在权的物理主义立场做一概述。除此之外，首先，讨论了排斥论证对于物理主义的理论意义，尤其是审视了排斥论证作为非还原物理主义理论建构限制条件的作用。其次，讨论了排斥论证对于心灵因果性讨论的重要意义，尤其审视了排斥论证所遗留下来的问题，其中最为突出的就是意识的感受性质或现象属性的因果作用的问题，这仍是物理主义悬而未解的理论之谜。

第一章　非还原物理主义与心灵因果问题

第一节　非还原物理主义的基本理论图景

非还原物理主义,作为一种关于身心关系的特定本体论立场,可被视为向我们提供了一种特定的世界图景。下面就分别围绕它的两个构成部分——"物理主义"和"非还原"——来分析一下这种立场。

首先,来看其中"物理主义"这一层面。20世纪30年代初,维也纳学派的重要成员奥托·纽拉特(Otto Neurath)和鲁道夫·卡尔纳普(Rudolf Carnap)最早提出了"物理主义"这个术语,他们意图凭借物理陈述或物理语言来实现其统一科学的理想。当代的物理主义理论与维也纳学派的物理主义有很大的差异。在今天很多物理主义者看来,维也纳学派的物理主义在很大程度上是一个关于物理主义语言可翻译性的"语言学论题";而根据维也纳学派的立场,当代物理主义多半会被归入他们致力于批判的传统唯物主义这样的"形而上学"中去。

虽然物理主义通常被视为唯物主义的当代继承者,但严格说来它们并非完全等同。其差异的根源在于,物理主义在其基础物理层不仅仅只有"物质",甚至有的物理主义者对基础物理层是否存在都不做承诺。在传统意义上,以上都是"不唯物"的观点,这也意味着我们不能简单地用具有广延、不可入性等传统唯物主义的刻画方式来表述当代物理主义。

在其1959年的著名论文《感觉与脑过程》中,杰克·斯玛特为物理主义提供了著名的口号:"没有任何东西在物理之外"或"一切都是物理的"。先看这个论断中"……是物理的"这一部分,一个自然的想法是,只有物理学(尤其是基础物理学)才应该是我们刻画物理主义的基本依据。无论是对于世界的基本构成要素,还是对于像化学、生物学这些特殊科学中的具体现象,物理学都显示出了强大的解释力,这似乎也是我们应该诉诸物理学的一个现实动机。但现在的问题是,应该诉诸什么样的物理学来刻画物理主义?

不难发现,这似乎只能落入著名的"亨佩尔悖论"(Hempel's Dilemma)的两支:要么诉诸当前的物理学,要么诉诸未来的完备物理学。而无论选择哪一支,我们都会面临重重困难。如果用当前的物理学来刻画物理主义,根据过去科学史上的经验,我们几乎可以肯定当前的物理学理论在将来多半会被认为是错误的。即便不管未来的理论发展情形,当前的物理学理论也远未提供给我们一幅统一的世界图景。广义相对论与量子力学之间整合的困难,使得当前的物理学实际上都不是一个立场一致的理论体系。怎么能通过这样的物理学去刻画物理主义呢?诉诸当前的物理学的主要代表是安德鲁·梅尼克(Andrew Melnyk)。他显然也意识到了当前的物理学可能为假甚至都还不一致的情形,但他认为,诉诸这种远非完备的物理学,相当于对某种理论假说持有一种科学实在论的态度(参见 Melnyk, 2003)。但至于当前的物理学为什么就一定胜过其他与之竞争的假说,或更接近于真理,很难基于科学实在论对之做出一个有效的判定。诉诸未来完备的物理学是更多哲学家的选择,但这种物理学的具体内容显然是我们不清楚的,以至于要么我们永远得不到对物理主义的确切刻画,要么物理主义就此成为一个空洞的信条。杰西卡·威尔逊(Jessica Wilson)认为,诉诸未来的物理学,真正应该担忧的是,我们可能得到一种具有不恰当外延的物理主义。很有可能在未来物理学的基础层面会包含现象属性等本质上是心灵的东西,而据此刻画的物理主义将类似于当今大卫·查尔默斯提出的泛心论一类的理论立场。根据一般直觉,我们更倾向于将其归入非物理主义的行列(参见 Wilson, 2006)。

诉诸当前或未来的物理学未必就穷尽了所有的刻画方式,也许在二者之间可以找到规避亨佩尔悖论的理论空间,即一种诉诸"当前和未来的物理学"的刻画方式。具体而言,我们可以构想出一种物理学,它的研究领域基本被限制在当前物理学所处理的理论范围之内,但其具体理论内容则由物理学的未来发展来决定。前者排除了心灵事项进入基础物理层的可能,而后者保证了其理论内容的完备。这种策略也许能规避悖论,但这种旧瓶新酒式的物理主义总显得特设性过强。

即使不考虑亨佩尔悖论,用物理学来刻画物理主义这种思路本身也不是没有争议的。有人认为,物理主义在本质上应该是一个本体论的论题,而诉诸物理学更类似于从认识论的角度来对之加以刻画。此外,从更实际的方面看,任何物理学理论中似乎都不会含有总统、会议、桌椅之类的事项,但它们显然是物理主义需要加以处理和判定的。这都提示着我们,似乎更应该直接从物理事物所归属的范畴本身来刻画物理主义。从本体论范畴出发,相当于考察的重心落在了斯玛特的论断"一切都是物理的"的"一切……"这一部分。似乎上述论断要求把实体、属性、对象等一切范畴都视为是物理的。但稍加反思,像"2"、"A"、"命题"这样的抽象实体或对象就应被排除掉,我们只能说一切具体实体和对象是物理的。

金在权曾一度提及,也许我们能获得的最好的关于"物理"的界定就是赫尔曼(Geoffrey Hellman)和汤普森(Frank Thompson)的定义,他们也是通过参照当今理论物理学来解释什么是"物理"的。但即使不考虑亨佩尔悖论,也是有问题的。如果把这个界定策略推广到高层科学,当所参照的科学是化学和生物学时,人们也许没有太多异议。但当我们问心灵属性或心理属性所参照的科学是什么时,问题出现了:是参照民间心理学(vernacular psychology)呢,还是系统心理学(systematic psychology),这里面本身就涉及了悬而未决的关于还原论和心灵因果的哲学讨论(参见 Kim,1993a:340)。

总的来说,金在权对物理主义的界定还是更接近于本体论的刻画方式。他认为,"物理主义"意味着世界上所存在的只有物理实体(entities)及其聚合物(aggregates),世界归根结底是物质或物理的(physical)。关于世界的结构,他提倡的是一种层级的世界观(layered worldview)学说,即世界是一个由从低到高逐级而上的不同"层"(levels)或"阶"(orders)构成的分层结构,每一层的基本要素是属于该层的实体集合和用以刻画这些实体且专属该层的属性集合,而较高层的实体由较低层的实体构成。具体言之,在这个层级结构的最底层有基本粒子(如电子、中子、夸克等)和用以刻画它们的基础物理属性和关系(如质量、旋等);在较高的某层中也许出现了分子的化合物和刻画它们的可溶性、密度等属性;逐层而上,我们会发现在某个层中出现了具有意识和意向性的有机体;也许更高的层中会有具有社会属性的有机体,和它们之间的经济、社会规律。我们看到各层皆有刻画该层实体特性的属性集,那么相邻层级间的属性集是什么关系呢?

这就涉及如何界定非还原物理主义立场中"非还原"这一层面的问题。联系上文,"非还原"一般指的是:较高层的属性集(或关系集)不能还原为较低层的属性集(或关系集),同时前者也不能被后者所还原地解释(reductively explainable)。① 这和以"一切属性都是物理属性"来界定物理主义的还原论者显然不同。在身心关系问题上,非还原物理主义认为心灵属性(如意识、信

---

① 显然,从表面上看,还原是一种本体论关系,而还原性解释是一种认识论关系,一个非还原物理主义者不必同时承诺这两种关系;更进一步,非还原论者可以根据自己的立场,拒斥其中一种关系(一般是还原关系)而接受另一种(一般是还原解释关系),如福多和查尔默斯(David Chalmers)(参见 Kim,2008:93-114)。

念、意向性等)不能还原为物理属性(如神经纤维的激发、基本粒子的属性等)。反之,还原论者认为前者可还原为后者,或者能被后者还原地解释。

非还原主义者也认可物理主义是一切事物在本体论和解释上的基础,但这并非要求所有现象都属于物理领域,只是要求它们都植根于物理领域,即任何事物在物理系统中都有一席之地。其次,在下文中也将看到,当今诸如"多重可实现性"等众多论证已表明,不能再不加限制地把化学属性、生物属性等高层属性还原为物理属性。因此,非还原物理主义更倾向于用"物理属性使高层属性的出现成为必然"来刻画物理主义。

要具体说明这种"使……成为必然",理论家们往往想到的是随附关系。随附表达的是两个属性集合之间的一种依赖和共变的本体论关系。引入随附关系,首先是希望它能提供刻画物理主义的充分条件,进而希望据此刻画的物理主义能应对种种反物理主义论证。为了给物理主义提供充分条件,哲学家们往往会诉诸一种较强的随附关系,比如在任意两个可能世界中,两个对象如果有相同的物理属性就必然有相同的心灵属性。但反对者可以假设其中的一个可能世界也许是个身心分离的疯狂世界,其中的心灵属性与物理属性的结合完全是任意的,而根据定义,随附却不能排除这些情形。如果选择较弱的随附关系,比如,如果一个世界是对现实世界的物理复制,那么它就是对现实世界的完全复制。但这刻画的只是物理主义的必要条件,而不是充分条件。我们似乎又一次陷入了两难。

如果换一种思路,用"还原"的对立面来界定"非还原",似乎也并未使得问题稍有简化。首先,存在多种还原模型:分析还原、内格尔/桥接法则还原(Nagel/bridge-law reduction)、功能还原,等等。这使得我们似乎只能相对于特定还原模型来谈"非还原"。其次,哲学家还往往根据自己的理论意图反对某种还原模型而支持另一种,致使讨论更加复杂。比如,一位非还原物理主义者完全可以在反对内格尔还原的同时赞同功能还原。再次,哲学家之间就哪些心灵事项不可还原也意见不一。比如,戴维森似乎只关心意向状态不能还原为物理状态;而金在权认为意向状态是可以进行功能还原的,而感受性质(qualia)则不行。这些问题都使得我们无法在"还原"与"非还原"之间划出一条统一不变的界限。

以上就是对非还原物理主义立场的一个大致的概览。正如金在权所说,它的本体论是物理主义一元论,但是其"意识形态"(ideology)却是非还原和二元论的(参见 Kim, 1993a: 339)。当然,这与笛卡尔式的实体二元论(substance dualism)是非常不同的,后者是一种彻底二分的世界观——具有思想(thinking)的心灵实体与具有广延(extension)的物质实体截然不同。与之相对,非还原物理主义一般也被认为是一种个例同一论(token identity theory)或属性二元论(property dualism)。然而,上述论断并不是没有争议的。以金在权和查尔默斯为代表的哲学家倾向于认为非还原物理主义是一种属性二元论,而本尼特、斯托伊尔(Daniel Stoljar)等哲学家则反对这种划分。质疑的理由主要在于:在非还原物理主义中,心灵属性与物理属性之间的区分也许只是数值上的区分(numerical distinction),而不是某种深层的形而上学区分(参见 Bennett, 2008; Stoljar, 2008)。这里反映出的不仅仅是术语使用上的差异问题,其根本还在于非还原物理主义中心灵属性和物理属性间关系的模态强度问题,在下文中我们将看到,这也关系到非还原物理主义能否规避金在权排斥论证的攻击的问题。实际上,非还原物理主义对排斥论证等质疑的应对也是其不断修正和调整自己立场的过程。

本书限于主题和篇幅,就不再对非还原物理主义中的"物理"和"非还原"各自的界定和内涵进行更多讨论。此外,金在权认为,其因果排斥论证的作用机制也不依赖于关于"物理"与"还原"的精确的界定,因此当我们遇到相关具体问题时再提出加以分析。斯托伊尔曾针对"非还原主义意味着什么"这一问题归纳出五种回答,这可能对我们理解非还原主义的立场有所帮助,特分列如下:

  它可能合理地意味着这样一种物理主义,即拒斥这样的观念——物理陈述和其他任何陈述间存在同义性或分析的相等。如果这样理解,非还原物理主义还成立的话,那是因为物理主义不是一个语义学论题。

  它可能合理地意味着这样一种物理主义,即拒斥这样的观念——每一个被例示的属性都要同一于一个物理属性的观念。如果这样理解,非还原物理主义还成立的话,那是因为必然论物理主义(necessitation physicalism)确实不蕴涵属性同一。

  它可能合理地意味着这样一种物理主义,即拒斥这样的观念——有连接比如心理和物理的心物法则(psychophysical laws)的存在。如果这样理解,非还原物理主义还成立的话,那是因为必然论物理主义与对法则的拒斥是一致的。

  它可能合理地意味着这样一种物理主义,即拒斥这样的观念——心灵属性与物理属性是有形而上学区别的。如果这样理解,非还原物理主义还成立的话,那是因为:如果心灵属性和物理属性是形而上学上的区别,那么二元论是对的(即使该二元论的形式是必然论二元论)。

  它可能合理地意味着这样一种物理主义,即拒斥这样的观念——

物理主义条件式(conditional)是先天的。如果这样理解,那对于还原物理主义是否是可能的就不甚清楚了。例如,它将依赖于语言哲学和认识论中关于先天和必然关系这类悬而未决的事项。(参见 Stoljar, 2010: 161 - 162)

以上归纳基本囊括了当代几类主要非还原物理主义理论的基本形式。就本书的目标而言,下文讨论所涉及的非还原物理主义理论也不会超出这个范围。行文至此,我们所获得的只是非还原物理主义的一个基本概貌。除此之外,我们至少还应该知道非还原物理主义者所遵循的基本原则或信条,换句话说,承诺非还原物理主义立场应该具备哪些必要条件,这将是下面一个小节的任务。

第二节 最低限度的非还原物理主义纲要

不同的非还原物理主义者对其理论建构各有其主张。然而,其中大多数哲学家一般都会遵守下面的三条基本原则,即:心灵属性的不可还原性、心灵属性依赖于物理属性以及心灵属性具有因果效力。[①] 下面将依次解释这几条原则:

(1) 不可还原性:心灵属性不可还原为,进而也不能同一于物理属性。

在上一节中我们已经看到,这里所涉及的"还原"不是某种已达成共识的特定模型,但这一点并不影响以下讨论。可以认为,(1)主要是表明了非还原物理主义立场中心灵属性与物理属性的区分。但也仅此而已,关于这种区分的性质和程度,实际上也存在着很多争议。有一点是明确的,就是仅通过(1)来刻画一个非还原物理主义的立场是不充分的,因为(1)不仅相容于物理主义,而且也相容于属性二元论、实体二元论和中立一元论(neutral monism)等各种不同理论立场。然而这种心物区分究竟意味着什么呢?根据金在权的理解,物理不可还原属性必须处于物理领域之外,因为如果某个事物是物理

[①] 在这里,"属性"(property)、"种类"(kind)和"类型"(type)几个概念虽然意义不同,但基本可以互换使用,且对当前讨论没有直接影响。出于简化表达的考虑,本文更多地使用"属性"这个概念,当然有时也会为了突出某种意义或强调某种区分,而同时使用这几个概念。

可还原的,那么它一定同一于某个物理的事物(参见 Kim, 2005: 34)。然而,在非还原物理主义者看来,上述解读暗示了过于深刻的形而上学的区分,这使得非还原物理主义无异于非常彻底的属性二元论,这将是很多非还原论者所不赞同的。他们认为,心灵属性和物理属性之间通常只有诸如数值差别一类的区分,二者之间存在着紧密的形而上学联系。关于如何刻画二者之间的关系,我们将诉诸:

(2) 依赖关系:心灵属性依赖于物理属性。

这一条原则表明了物理属性的本体论优先地位,以及物理属性相对于心灵属性的基础性(basicness)。一般说来,在非还原物理主义中,任何心灵属性都必须例示(instantiate)在物理殊相(particular)中,不可能有单独存在的心灵属性。然而,依赖关系还仅仅是这一大类心物关系的统称。在不同哲学家那里,对依赖关系往往有不同的理解和细化,主要有随附和实现(realization)两大类型:前者包括戴维森的"弱随附"、冯·古利克(Van Gulick)的"全局随附"、金在权的"强随附"和霍根(Terence Horgan)的"卓越随附"(superdupervenience)等刻画方式;后者的支持者包括普特南、福多、舒梅克(Sydney Shoemaker)和博伊德(Richard Boyd)等哲学家;既采用"随附"又采用"实现"的哲学家有勒玻尔(Ernest Lepore)和洛威等。也有少数像贝克(Lynne Rudder Baker)、佩利博姆(Derk Pereboom)和康布里斯(Hilary Kornblith)这样的非还原物理主义者,坚持与上述两种类型非常不同的对"依赖"关系的理解。他们认为,心灵属性的例示由物理属性所构成,并且前者是后者的真子集。除了依赖关系的具体类型,依赖关系的模态强度也是争论的焦点。心灵属性与物理属性之间究竟是形而上学还是法则学的必然关系,在非还原物理主义者之间一直存有争议。

(3) 因果效力:心灵属性的例示能导致其他(心灵和物理的)属性被例示。

首先,绝大多数非还原物理主义者不会否认心灵属性具有因果效力,且赞成(1)的动机很大程度上也与(3)密切相关。不难看出,"非还原"的说服力,很大程度上来源于对心灵属性的独特性,进而对心理学等特殊科学作为独立自主的学科地位的维护,这显然要求心灵属性在因果关系和因果解释中能发挥作用,即具有因果效力。否则,如果物理属性完成了所有因果工作而心灵属性没有独立的因果效力，那么可以在很大程度上认为后者将还原为前者。其次，金在权也经常强调，心灵属性具有因果效力暗含了心灵实在论(mental realism)。心灵实在论，按金在权的理解，即心灵属性是对象和事件实在的属性，它们不仅仅只是在做出论断或作为虚构的言说方式时才起作用(参见 Kim, 1993a: 344)。在这一点上，金在权高度赞同突现论哲学家塞缪尔·亚历山大(Samuel Alexander)对副现象主义的拒斥，后者认为"副现象主义预设了某些存在于自然中却什么都不做，也不符合任何目的的东西，如同一支高贵的族类，它依赖于从属的工作，却仅能充当门面，这迟早是要被废除的"(参见 Alexander, 1927: 8)。金在权把该思想归纳为"亚历山大信条"(Alexander's dictum)：实在的就是具有因果力的(to be real is to have causal powers)。因此，如果心灵属性是实在的，那么它就必须具有因果力。

总之，按通常理解，如果(2)可被视为最低限度的物理主义(minimal physicalism)的标志的话，那么从(1)至(3)可以看作一个最低限度的非还原物理主义的纲要(参见 Kim, 2005: 13)。这个纲要不是非还原物理主义的严格定义，而只是大多数非还原物理主义者一般都会承诺的几个必要条件。这也可以看作对非还原物理主义立场的一个基本界定，不同的哲学家往往在这个框架中添加或细化各种条件来构造自己的理论版本。在这三条原则中，金在权最重视的是(2)。他认为，从(1)至(3)能否构成一个健全的(robust)非还原物理主义立场取决于(2)中涉及的心物随附/实现关系对于物理主义是否充分，因为(1)和(3)对于物理主义并没有什么特异之处(参见 Kim, 2005: 35)。然而，也要看到，在心灵因果讨论中，(1)和(3)往往是密切相关的。

上文给出了非还原物理主义的基本纲要，接下来的两节将要介绍的是两种著名的当代非还原物理主义理论——以普特南、福多为代表的多重可实现物理主义(功能主义)和戴维森的异常一元论，并阐明金在权和他们的基本分歧。可以看到，金在权在对多重可实现论证的应对中完善了自己还原论物理主义的基本立场，而他对异常一元论的批评则是其转向质疑非还原物理主义心灵因果效力的契机。

第三节　多重可实现论证与因果力的继承

通常认为，有两个著名的论证直接导致了类型物理主义(尤其是身心同一论)在 20 世纪 60 年代末 70 年代初的消亡，同时也宣告了非还原物理主义的兴起。这两个论证就是普特南、福多的"多重可实现论证"和戴维森的"异常一元论"。这一节主要介绍多重可实现论证和金在权对该论证的应对,并进而讨论该论证对金在权关于还原和心灵因果立场的影响。

要理解"多重可实现",我们先从"实现"概念入手。"实现"在西文中有"使……成为实在的"(make real)之义,粗略地理解,其意思为某物通过被实现而具有了实在性。而根据所谓的"亚历山大信条",被实现之物就必须展示出能产生因果作用的能力。这两方面的含义,从"实现"概念一提出起,就暗含于其中。

"实现"作为一个专门术语和明确概念,最早出现于普特南1960年的文章《心灵和机器》中,其中他论述道:

> 一个图灵机的逻辑描述尤其不包含对这些"状态"[一个图灵机的"内在状态"]的具体说明……换句话说,一个给定的"图灵机"可以被物理地实现在(be physically realized)几乎无限数量的不同方式中。(Putnam,1975:371)

可以看出,这里的"实现"是抽象数学实体(图灵机,计算程序……)与具体的物理实体或系统(物理计算机……)之间的关系,主要指的是前者通过后者得以例示或执行;而就这种关系不局限于某一种特定的方式而言,它已暗示了"多重可实现"的雏形。其后,在标志着功能主义兴起的1967年的著名论文《心理谓词》中,普特南正式阐述了功能主义框架中的"物理实现"和"多重可实现":

> 试想脑状态理论家们不得不做些什么来使得他们的论断成立。他们应该明确而详细地描述一个物理化学状态,以至于任何有机物(而不仅仅是一个哺乳动物)处于疼痛中,当且仅当(a)它拥有一个具备适当物理化学结构的大脑;并且(b)它的大脑处于那个物理化学状态之中。这意味着该物理化学状态必须是哺乳动物大脑的一个可能状态、爬行动物大脑的一个可能状态、软体动物大脑(章鱼属于软体动物,并且肯定能感觉到疼痛)的一个可能状态,等等。同时,它肯定不是任何不能感觉到疼痛的、物理上可能的生物大脑的一个可能状态。即使这样一种状态能够被发现,那必须是法则学上确定的——它将是任何外星生物大脑的一个状态,这样的生物甚至在我们可以确认那可能是疼痛的假设前也许就发现它将能够感觉到疼痛。(转引自Heil,2004:164)

进而可以看出,"实现"一般被用来刻画功能主义背景下两个属性集之间的关系：功能属性通过满足其因果角色且具有特定结构的实现者(realizer)而得以例示。并且,作为经验中的偶然事实,这样的功能属性还可能不止有一个实现者,这就是功能属性的"多重可实现"。例如,上文提到的"疼痛"可以实现在各种生物(甚至外星生物)的大脑中,只要它们具有适合的物理化学结构。我们可以这样来定义"实现"：在系统 X 中,属性 Q 实现了功能属性 F 或作为 F 的一个实现者,当且仅当 C(Q),即 Q 在 X 中满足 C 这样的具体说明(或在 X 中 Q 施行了特定的因果作用)。而多重可实现则意味着这样的实现者可能有很多个,比如：$\{Q_1, Q_2, Q_3 \cdots Q_n\}$。

如果将多重可实现置于身心关系的讨论中,则意味着对于某一特定的心灵状态或属性,不可能在所有情形下(虽然并不完全排除有这样的情形)都像身心同一论者说的那样：有且只有一个神经或物理状态或属性与之对应,并同一于前者。不难看出,多重可实现显然是非还原物理主义者所期待的关系,接下来就对多重可实现之于后者的理论意蕴做一探讨。

关于多重可实现论证之于还原理论的可能后果这个问题,福多做了详尽的阐发工作。虽然他的论述主要是在特殊科学与基础科学关系的背景下展开的,但由于心身关系也可被视为这种关系的一个特例,因此福多的论断显然不仅仅局限于理论还原(theory reduction)领域,同样也适用于心身还原。福多在其 1974 年的著名论文《特殊科学,或作为一个工作假说的非统一科学》中,对其关于多重可实现的观点做了全面阐述(参见 Fodor, 1974)。仅从这篇论文标题来看,我们都不难看出其与普特南和奥本海默著名论文《作为一个工作假说的统一科学》之间的针锋相对。(参见 Putnam & Oppenheim, 1958)福多倡导特殊科学的自主性(autonomy),反对"统一科学"(unity of science)的规划。但要注意的是,他所反对的不是 20 世纪上半叶以维也纳小组(Vienna circle)为代表的逻辑实证主义的"统一科学"纲领,而主要是要反对试图将一切科学还原为基础物理学的还原论物理主义。[①] 而这个"统一科学"的关键就在于恩斯特·内格尔(Ernst Nagel)在《科学的结构》中提出的理论还原模型(参见 Nagel, 1961),这也正是福多所反对的焦点所在。内格尔还原,即通过桥接法则(bridge laws)把特殊科学中的法则改写为基础科学中的法则。桥接法则通常被预设为充要条件式(biconditional form),这样,被还

[①] 一些哲学家认为,还原论物理主义的"统一科学"主要是个本体论的论题,即世界中的一切事物都是由物理对象构成的,且一切特殊科学都可以还原为物理学；而逻辑实证主义的"统一科学"纲领更多的是个方法论的论题,强调方法论上的统一,即强调各学科统一的实证主义方法。虽然前者的结果往往蕴涵了后者,但二者还是有很大差别的。

原理论中的谓词就被还原为基础理论中与之法则学共外延的(nomologically coextensive)谓词。如果用 S 表示特殊科学，P 表示物理学，Sx 和 Px 分别表示 S、P 各自法则中的自然类谓词(natural kind predicates)，则内格尔还原的过程就可以表示如下：

(1) $S_{1x} \to S_{2x}$
(2a) $S_{1x} \leftrightarrow P_{1x}$
(2b) $S_{2x} \leftrightarrow P_{2x}$
(3) $P_{1x} \to P_{2x}$

需注意的是，这里的"还原"是一个经验论题，它在科学实践或科学理论构造中起着规范或限制性条件的作用。因此，福多的立场并不是要彻底地反对还原论，因为完全恰好可能有这样一个可能世界，在里面完全充斥着内格尔式的还原。福多的主张实际上是：类型还原论对于统一科学的构造而言是一个过强的限制条件。这个限制条件有多强呢，简单地说，它不仅要求特殊科学中的任意自然类都要有唯一与之相对的物理学中的自然类，作为"统一科学"的物理学还要囊括一切可能的(could be)对应物理自然类，因为它的法则必须在反事实的(counterfactual)情形下依然成立。据此，福多认为，现实中的特殊科学实践与上述图景在很大程度上是不吻合的。

首先，如果考虑多重可实现，桥接原则很可能是以如下形式出现的：

(4) $Sx \leftrightarrow P_{1x} \lor P_{2x} \lor \ldots \lor P_{nx}$

那么，特殊科学中的法则就相应地应该是这样的形式：

(5)

$$S_{1x} \to S_{2x}$$

$P_{1x} \lor P_{2x} \lor \ldots \lor P_{nx}$ 　　　$P_{1x}^* \quad P_{2x}^* \lor \ldots \lor P_{nx}^*$

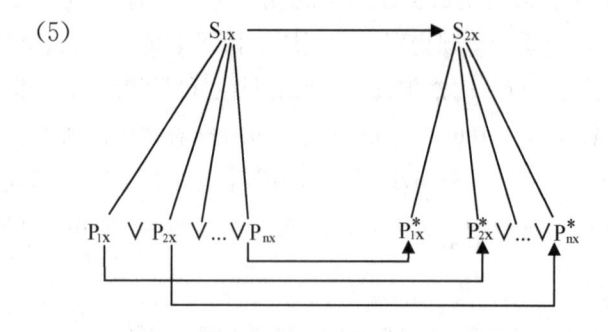

由于(5)中 S_{1x} 实现者中的各析取支分别与 S_{2x} 实现者中的各析取支有

法则相联，那么，似乎存在联结"析取属性"(disjunct properties)的如下法则：

$$(6)\ P_{1x} \vee P_{2x} \vee \ldots \vee P_{nx} \rightarrow P_{1x}^* \vee P_{2x}^* \vee \ldots \vee P_{nx}^*$$

然而，由(4)至(6)的过程也是福多难以赞同的，除了他先前所提到的还原论是一个过强的限制条件外，另一个重要原因就是他对所谓"析取的自然类谓词"(disjunct natural kind predicates)的反对。多重可实现论题提出后，还原论的一种可能的应对策略是：心灵属性既然不能被还原为某一种特定的物理属性，那么它仍然可以还原为多个物理属性的析取。其实，普特南从一开始就想到了这种策略，只是他认为该想法无须认真对待，但关于为什么这样认为的理由他又语焉不详(参见 Putnam, 1967, 转引自 Heil, 2004: 165)。福多则给出了自己的分析，他认为(4)中的"$P_{1x} \vee P_{2x} \vee \ldots \vee P_{nx}$"不能被视为一个自然类谓词，它们只是还原科学(reducing sciences)中类的异质的(heterogeneous)、非系统的析取，他将其形象地称为"杂乱地析取"(wildly disjutive)。由于福多坚称科学中的自然类谓词就是处于该学科法则中的约束变项，同时一个全称概括(universal generalization)如果是类律的(lawlike)，其必要条件是构成其前件和后件的谓词必须挑出(pick out)自然类。因此，不但(4)的后件不是一个自然类谓词，(4)本身也不是法则。[①] 这意味着，桥接法则不是法则，那么(2)显然也就不是法则了，而包含了析取谓词的(3)、(6)同样不是法则，因此，由(1)至(6)所描绘的还原论或统一科学的立场从根本上看是不能成立的。

总之，在福多看来，在多重可实现中，由于涉及"析取谓词"等理论困难，我们无从建构起内格尔式的理论还原。该论断对身心关系的理论意蕴在于，一个心灵属性具有被多个物理属性实现的可能性；而又因为多重可实现，心灵属性具有相对于多个物理实现者的自主性，进而排除了被还原的可能。福多的立场是明确的，但下面的机制我们仍不是很清楚，到底是什么使得有些自然类谓词的析取是异质的？进而，判定一个全称概括是自然法则的标准又是什么？似乎很多推论都仅仅是建立在对"实现"的一种直觉式的理解基础之上。既然实现关系是基于其中属性的因果角色而被定义的，而各属性的因

[①] 也许有人会认为，这里对"自然类"的界定依赖于"法则"这个概念，而对"类律"的界定又依赖于"自然类"的概念。且不提上述两个概念是否清晰，这本身就构成了一个循环。福多也看到了这一点，但这确实是一个无害的循环，尤其是我们的目的并不在于得到二者的精确定义，只要意识到对一个概念的理解依赖于另一个概念就足够了(参见 Fodor, 1974)。

果力又要在其个体化(individuation)过程中发挥作用,那么多重可实现是否也就意味着存在着多种不同的因果力。实际上,金在权就是沿着上述思路来理解多重可实现的。在他看来,"多重可实现"中"多重"的意义就在于因果的和法则学的多重性。缺乏因果层面的同质性,会引发对属性本体论地位的质疑。

具体而言,金在权在某种程度上赞同福多对析取谓词的拒斥。他进一步认为:法则之为法则还在于其具有可投射性(projectibility),即可以被观察到的正面事例所确证的能力。但由异质的析取所构成的非自然类却往往不能展示出正当的可投射性。然而,两人的共识到此为止,金在权接下来的策略就像以彼之道还诸彼身了。金在权与福多对多重可实现理解的分野之处在于对 S 与 P 关系强度的认识不同:金在权认为福多策略的实质是削弱二者的强度,使之不再是充要关系,而只是充分关系。因为可能 P_1、P_2……P_n 等多个物理实现者都能致使 S 出现,而 P_1、P_2……P_n 中任意一个对于 S 的出现而言都不一定是必要的。但金在权认为,正确的策略不是弱化充要关系,而是要使之相对化,就是使 S 和 P 间的关系局限于种属(species)或结构类型,即他所谓的有限制的相关论题(restricted correlation thesis)。金在权认为,在普特南提出多重可实现之时,就暗含着限于结构或相对于种的心物法则的意思,或至少各个物理实现者对于其所实现的心灵属性在法则学上是充分必要的。沿着这个思路,既然 S 与 P 的关系是相同结构或种群内的充要关系,那么这必然导致相同结构或种群内而非跨结构跨种群的还原——局部还原(local reduction)。在其 1992 年的著名论文《多重可实现与还原的形而上学》中,金在权用了两个论证来说明这一思想(参见 Kim,1992b)。值得注意的是,在后一个论证中,金在权明确提出了其日后心灵因果理论所倚重的几条核心原则,下面我们转入对这个论证的讨论。

首先是"可投射论证",这个论证在形式上非常类似于纳尔逊·古德曼(Nelson Goodman)和戴维森曾经提出的关于类律标准的论证。我们可以设想一种常见的混合物——玉(jade),它实际上不是一种单一的矿物种类,而是由分子结构不相同的两类物质——硬玉(jadeite)和软玉(nephrite)混合而成的。那么每条关于玉的法则就可看作关于这两种物质法则的合取,如:(L)"玉是绿的"就是(L_1)"硬玉是绿的"和(L_2)"软玉是绿的"这两条法则的合取。由于(L)必须是被众多肯定例子所确证的,这暗含了(L_1)和(L_2)也同样应该被确证。但假如所有被观察到的绿色玉的样本都是硬玉,而没有软玉,则(L_1)得到了证实,但(L_2)和(L)呢?由于"玉是绿的"不具备可投射性,因而难以确保其作为法则的地位,进而其中的"玉"也不能算作自然类谓词。

把"玉"的情形比之于"疼",如果"疼"所表示的心灵属性与多个异质的析取属性共外延,那么为什么"疼"作为一个类本身不能是异质的和非法则学的呢?再进一步,我们平时所谓的心灵属性或特殊科学中的属性可能本身就是异质的、非法则学的类,而那些联结它们的论断也不是真正的法则。金在权的根本意图是:多重可实现论证并不是像福多所认为的那样具有非还原的意义,它也许展示了心灵属性与物理属性间的强联系性是不可获得的;然而它预设了限于种群的强联系性的存在,这暗含了心物法则和局部还原(参见 Kim,1993a:274)。

再来看因果力论证。首先,在金在权看来,"多重可实现"中的"多重"如果有意义的话,它必然指的是因果力的不同。而这显然是预设了某种特定的基于因果力的种类或概念的个体化原则,即:

> 种类的因果个体化原则(principle of causal individuation of kinds):科学中的种类基于因果力而被个体化;即,对象或个体属于同一类,或共享同一属性,仅当它们具有相似的因果力。(Kim, 1993a:326)

其次,在前面关于"疼"的例子中,根据多重可实现,"疼"可以实现在人类、爬行动物,甚至火星人(如果存在)中,那么"疼"本身也被分为人类的疼、爬行动物的疼和火星人的疼,归根结底"疼"是依据其实现者的因果力而得以分类的,这一现象暗含了如下原则:

> 因果继承原则(the causal inheritance principle):如果心灵属性 M 在 t 时通过物理实现基础 P 实现在一个系统中,那么这个 M 例示的因果力等同于 P 例示的因果力。(Kim, 1993a:326)

给出以上两条原则,因果力论证的作用机制就很清楚了:心灵属性 M 可以实现在不同的物理实现者中,假设它们分属不同的物理类 P_1、P_2、P_3……;由种类的因果个体化原则可知,它们之所以分属不同类,在于其有不同因果力 C_1、C_2、C_3……;那么依据因果继承原则,M 的因果力是 $C_1 \lor C_2 \lor C_3$……吗?然而,说存在一种实现了 M 的析取属性 $P_1 \lor P_2 \lor P_3$……是相当有争议的,更好的说法是:概念 M 析取地挑出了 P_1、P_2、P_3……。至于说因果力的析取,那就更加难以理解了。因此,只能认为 M 不是一个真正科学的或法则学的类,即它不是一个可以出现在科学规律或法则中的类,那么一个合理的解释是:M 被其实现者的因果力分成了多个类 M_1、M_2、M_3……(参见

Kim, 1993a: 327)。①

金在权以上两个论证旨在说明：心灵属性或种类，如果之于它们不能做出可投射的推导性论断，那么它们就不能进入法则，进而不能被看作因果类，或科学中的自然类。两个论证的关联在于：因果力涉及法则，而法则则是可投射的规则性（regularities）。（参见 Kim, 1993a: 327）这两个论证可以看作金在权对多重可实现论证的应对，也可以说是他所理解的关于多重可实现论证的推论。

结合即将讨论的因果排斥论证来看，金在权这两个论证的意义还在于：如果排斥论证可以被视为对非还原物理主义心灵因果理论的归谬的话，那么它们（尤其是因果继承原则）相当于是对其心灵因果理论立场的正面表述；其次，如果 M 被其实现基础 P_1、P_2、P_3……的因果力分为 M_1、M_2、M_3……，而金在权又坚持 M 和 P 之间的充要关系的话，那么一个自然的推论就是：M_1、M_2、M_3……分别被还原为 P_1、P_2、P_3……，这是一种局部还原。我们将看到，这还暗含了金在权自己对因果排斥问题的解决方案，在后面涉及这一内容时再详加论述。

第四节　异常一元论与心灵的因果效力

与多重可实现论证一起宣告了类型同一论或还原论物理主义衰亡的另一个重要论证，就是戴维森的"异常一元论"。它和以前者为标志的功能主义一道成为非还原物理主义的代表性理论。这两种理论的最主要区别在于：多重可实现旨在表明心灵是独特而不可还原的，从而保证了以之为研究对象的心理学、认知科学等特殊科学之于物理学的自主和合法的学科地位。而异常一元论则坚持心灵领域由于其规范性（normativity）和之于物理领域的异常性（anomalousness），并不存在心物之间的严格法则，因而不能还原为物理之物；再加之不存在联结心灵种类的法则，因而也不能成为科学研究的对象。换句话说，以心灵为研究对象的学科不是科学。可以说，二者在物理主义（个例）一元论这一方面是一致的，但就如何建构心灵的不可还原性来看则是非

---

① 有一个需要注意的问题：在以上一系列关于多重可实现的论证中，福多更多地使用"自然类谓词"或"自然类概念"，而金在权则更偏好"自然类"或"法则类"。本书在此处刻意忽略了谓词、概念和种类之间的区别，争论的实际情形应该比上面所述复杂得多，这可能会牵涉到一个概念通常可以挑出一系列属性，以及人们一般更倾向于接受"析取谓词"而非"析取属性"等复杂问题。限于篇幅，这些问题暂不加以详细处理，在此仅提请注意，上述简化不会影响我们对两人论证要点的理解。

常不同的。

此外,戴维森的异常一元论在20世纪80年代极大地复兴了当代心灵哲学对心灵因果作用的讨论,关于异常属性能否作为因果属性的争论一直持续至今,这一争论与弗雷德·德雷茨基(Fred Dretske)和泰勒·伯奇(Tyler Burge)等关于外在属性能否作为因果属性的讨论一道,成为心灵因果讨论的两大进路。金在权在很大程度上也是在这个论证的影响下进入了心灵因果领域的讨论。下面,我们就来仔细探讨异常一元论的论证结构,及关于其心灵属性因果效力的争议。

在其1970年的著名论文《心灵事件》中,戴维森提出了异常一元论(参见Davidson, 1970)。之后,戴维森又主要在1993年的论文《思想原因》中对异常一元论做了进一步的阐释和完善,尤其是为其中饱受诟病的心灵属性的因果效力做了辩护(参见Davidson, 1970 & 1993)。从根本上说,戴维森该理论是对人类行动的自由如何相容于自然因果决定论这一古老的康德式问题的现代回应。如果把人类行动推广到心灵事件,再用"异常性"来替换自由,就可以得出戴维森的根本问题:心灵事件无法用物理法则来把握这一特性,如何相容于它对物理世界具有因果作用这一显然事实?就戴维森的整个哲学体系来看,异常一元论又为他行动哲学的核心观点——"理由即原因"提供了一个形而上学基础。在戴维森看来:理由和被其合理化(rationalize)的行动(action)之间是因果关系,理由作行动的解释必须具有可以导致行动的因果效力。但理由和行动之间又不存在严格法则,这样,如何解释理由的因果效力也要追溯到异常一元论。

戴维森理论的出发点,也可看作异常一元论前提的,就是其著名的三原则:

(1) 因果相互作用原则(principle of causal interaction),即所有的心灵事件和物理事件之间存在因果关系;

(2) 因果性的法则学特征原则(principle of the nomological character of causality),即有因果性就必有联结原因和结果的严格决定论式的法则;

(3) 心灵的异常主义(the anomalism of the mental),即不存在可以断言或解释心灵事件的、决定论式的严格法则。

此外,我们还应注意到与三原则密切相关的以下几点,它们也可以看作异常一元论论证的引理:

(1)* 戴维森常把心物之间的关系表述为因果依赖(causal dependence),而这种带有本体论倾向的关系是通过随附来刻画的,即物理属性相同的两事件不能有相异的心灵属性;

(2)* 在戴维森对严格法则的论述中,可以认为他还预设了物理领域的因果封闭(the causal closure of the physical domain)：他认为严格法则只能在完备的(developed)物理学中才能找到，那是具有最大程度决定论本质和没有例外情形的(exceptionless)物理法则，而这就必然要"把宇宙看作一个封闭的系统"(参见 Davidson, 1993: 8)；

(3)* 为什么心灵具有异常性？戴维森认为，首先，这是由于心灵领域呈现出整体化(holistic)、规范性(normative)，而非物理必然性的特性。其次，这也体现着他一贯坚持的"善意原则"(principle of charity)，即：规范心灵领域的原则应该赋予一个人总的意向状态集尽可能多的理性和融贯性。

戴维森理论的目的是要给出一个蕴涵了这三条原则而又无内在矛盾的融贯解释，他的论证是这样的：由(2)可知，单个因果关系都被严格法则所支撑；而由(2)*物理领域的因果封闭和(3)心灵领域不存在必然的严格决定论的法则可知，这样的严格法则只能是物理的；而又由于(1)心灵事件是可以进入因果链的，再根据戴维森坚持的(2)法则学的因果理论，可知心灵事件也是可以进入因果法则的；而由于法则是联结描述、种类或属性的，而因果法则又只能是严格的物理法则，那么处于因果关系中的心灵事件只能是处于物理的描述下、属于物理种类或具有物理属性(根据戴维森的事件观)，这样的事件实际已是物理事件了。因此，我们得到了某种形式的同一论①，或物理一元论。而又由(3)和(2)可知，心灵具有异常性，且不存在联结心物的法则，进而心物属性间也不存在还原关系，所以这种物理一元论是异常的，而这整个立场即"异常一元论"。

然而，此时心灵因果效力的问题就自然出现了：我们知道心灵事件实际上是物理事件，加之戴维森坚持认为物理事件具有因果效力与它可以用物理词汇描述无关，是事件自身具有导致事物的能力，因而心灵事件是有因果效力的。大多数哲学家并不否认这一点，但他们真正关心的是心灵属性——异常属性——是否具有因果效力这个问题。我们知道，因果法则所联结的是属性，事件是通过例示②或(根据戴维森的事件观)具有属性而进入因果法则，

---

① 通常认为，戴维森的异常一元论是某种形式的个例(token)同一论。但金在权指出，戴维森的理论与一般意义上的个例同一论是有区别的：后者所坚持的是心灵属性例示和物理属性例示的同一，类似于属性特普(trope)或作为属性例示的具体事件的同一，而不是某种具有属性的事件或对象的同一——戴维森式的同一。但这显然和金在权与戴维森之事件观的差异有关。

② 注意此处也是戴维森和他的批评者有严重争议的地方，戴维森认为事件并不依靠被描述而具有因果力，且认为事件通过或作为(qua)心灵描述或属性来获得因果力的"描述依赖者"的观点是错误的；但金在权、麦克劳林(Brian Mclaughlin)、索萨(Ernest Sosa)等哲学家坚持认为自己是在"由于"而不是"作为"心灵描述或属性这个弱的意义上来理解事件的。限于本书主题和篇幅，在此就不展开论述这个复杂问题。

从而具有因果效力的。但在批评者看来,根据戴维森的框架,只有事件(这时心灵事件已是物理事件)的物理属性是可以进入因果法则的。这也就是说,(1)中所说心灵事件能产生因果作用,但之所以如此,也是由其所具有的物理属性来决定的。那么其心灵属性产生了什么作用呢? 它似乎什么也没有导致,是物理属性完成了所有的工作;更为严重的是,似乎根本就没有什么东西可以让它对其发生作用,因为它压根就处于法则学网络之外。于是,心灵属性成了没有因果效力的副现象,自斯托特兰(Frederick Stouland)起,洪德里希(Ted Hondrich)、麦克劳林、索萨和金在权等哲学家对戴维森的批评基本是沿着这一思路展开的。但异常一元论似乎还不是经典意义上的赫胥黎(Thomas Huxley)式的副现象主义:在传统的副现象主义中,副现象处于因果链的终端,它能被别的事物所导致,但反之则不然。而异常一元论中的心灵属性似乎根本就不在因果链中,它不但不能导致物理属性,而且本身也不能被物理属性所导致,因为二者之间不存在严格的心物法则;而由于心灵领域的异常性,甚至在心灵属性之间也不存在因果关系。更为严重的是,如果联系前面所提到的"亚历山大信条",即实在的就是具有因果力的,心灵本身是不是实在的都成了问题。副现象论只是没有给心灵一个积极的因果角色,而在异常一元论那里甚至都难以找到心灵的位置,只能说其因果角色是神秘的。因此,金在权有时也把异常一元论归为一种"消除主义"(eliminativism)。就异常一元论涉及的是属性而非事件的因果无作为而言,它可以被归为麦克劳林所说的"类型副现象主义"(type epiphenomenalism)一类。①

针对其批评者的质疑,戴维森承认异常一元论与副现象主义是相容的,但是这仍不足以推出异常一元论本身蕴涵了副现象主义。我们只有证明了异常一元论蕴涵了副现象主义,才能说其心灵属性没有因果效力。但是,戴维森怀疑他的批评者们能够做到这一点。

戴维森的正面回应主要是通过两条路径展开的,即非严格法则和随附关系。前者的主旨是,由于单个因果关系总要被严格法则所支撑,其批评者们据此认为心灵因果作用难以实现。但戴维森认为心灵因果关系的例子在他

---

① 在这部分涉及"事件"的讨论中,笔者对戴维森和金在权的事件观基本保持中立,并在一定程度上刻意忽略其差异。我们知道,戴维森式的事件是一个抽象的、不可重复的对象或殊相,它可以具有属性;而金在权式的事件是属性的例示,属性本身就是其构成成分。两人的事件观本身没有重大的差异,但据此而构建的因果理论却显得极其不同,其争论在某种程度上看还是源自各自的事件观。其中还有很多复杂和晦暗的地方,限于篇幅就不在这里加以讨论。当然,在事件观上保持完全的中立也是难以实现的,因为当代心灵哲学中大多数作者是在金在权的事件框架内讨论心灵因果问题的。

的行动哲学中比比皆是,而且他也从未否认严格法则之外的规则性法则或归纳的存在,这似乎暗示了心灵因果关系可以被某种非严格法则所支撑。但金在权认为,如果这种非严格法则只是福多所谓的"条件不变,别无他例"法则(ceteris paribus law)的话,其实质上只是对相应严格法则的前件加以存在量化的结果,在根本上还是要依赖于严格法则的。

戴维森用随附关系为其心灵属性的因果效力所做的辩护是我们的主要关注所在。当代心灵哲学中关于随附的讨论也正是由他在《心灵事件》中提出的心物随附而兴起的。关于随附关系的引入,戴维森的灵感主要来源于黑尔对道德或伦理属性随附于自然属性的论述。黑尔认为,除非事物的自然属性发生变化,其道德属性才会发生变化。在《心灵事件》中,戴维森是这样来刻画随附的:"这样的随附也许应该意味着:不存在在所有物理方面(respect)都相似,而在某一心灵方面有所区别的两个事件;或一个对象在其某一物理方面没发生改变的情况下,不能改变其某一心灵方面。"(参见Davidson,1970:91)在其后的《思想原因》中,他又提出了对于随附关系"最经济"的表述:"一谓词 p 随附于一谓词集 S,当且仅当不能通过 S 辨别出的实体,也不能通过 p 辨别出。"(参见 Davidson,1993:4)这两个定义主要是通过属性的"不可分辨"(indiscernible)来刻画的,即事件间物理属性的不可分辨蕴涵了心灵属性的不可分辨。

戴维森的随附概念大致等同于金在权自己的"弱随附"概念,即没有足够的模态力(modal power)足以保证跨越可能世界的属性共变的随附关系。而这恰好是戴维森的心灵异常性所需要的:假设其随附关系足以保证在所有可能世界中对应心物属性的必然共变,那就会有蕴涵严格心物法则的可能。戴维森认为,在随附关系中心灵属性的因果机制是这样的:心灵属性通过随附关系对其所随附的物理属性发生作用,而物理属性再进入严格法则完成因果作用,从而心灵属性可以对事件产生因果作用。然而,以上策略在金在权等批评者看来仍然不足以保证心灵属性的因果效力,这可以从两个层面来看。

首先,严格地说,戴维森的理论并没有蕴涵心灵属性的无效力,而是它没有为心灵属性提供一个因果角色。正如索萨将其情形类比为枪声之于射击一样,枪声对于射击的致命后果是没有什么影响的。如果一定要说有影响的话,那也只是将无声的射击和有声的射击区分开来这样几近琐屑的效果。随附同样没有确保心灵属性的因果效力,如果有的话,那也只是将心物属性共存的情形与缺乏心灵属性的情形区别开来这样的效果。因为戴维森的随附关系就是基于属性的不可分辨来界定的。这样的随附概念显然允许以下可能性,如金在权所指出的那样,在一个移除了所有事件中心灵属性的可能世界里,事件中的物理属性也不会发生什么变化。(参见 Kim,1993b:283)即使我们可以接受戴维森的解释,即缺少了心灵属性的世界不再和原来的世界不可分辨,这当然是某种作用或结果,但这至多只能被算作因果相关(causal relevance),而不是充分的因果效力。

其次,实际上在金在权看来,即使我们找到了补救异常一元论的方法,比如合适的非严格法则或心物间的反事实依赖等,心灵属性因果效力的问题从根本上还是挥之不去的。假设异常属性是因果属性,即具有因果效力,那么它的随附基础(subvenient base)即物理属性与它所导致的结果之间是什么关系呢? 如果是因果关系,那么两条因果链是什么关系呢? 如果是竞争关系的话,基于物理的本体论优先性,心灵因果链会不会被物理因果链排斥掉? 如果被排斥掉,心灵属性又重新变得没有因果效力了。以上就是金在权日后提出的"因果排斥问题"的基本思路。我们发现,因果排斥是独立于"异常属性作为因果问题能否成立"这一问题的,它似乎是在更深的层面上对心灵属性的因果效力提出了质疑。实际上,金在权认为这是所有非还原物理主义者都无法回避的问题。基于以上思路,金在权建构了针对非还原物理主义的排斥论证,他认为只要承诺了最低限度的非还原物理主义纲要,就难以摆脱心灵属性的因果力被排斥的境地,这实际上也是基于因果力对非还原物理主义立场的某种归谬(reductio ad absurdum)。关于因果排斥论证的具体内容和作用机制,我们将在下一章里进行介绍。

第二章　因果排斥论证的论证结构

第一节　因果排斥问题的基本直觉

如果心灵因果作用是指任何涉及心灵事件或心灵状态的因果过程,那么心灵因果问题就是对该因果过程何以可能的追问。很少有人会否认心灵具有因果效力,我们知道,心灵是否具有因果效力与人类的能动者地位、人类知识的可能性以及人类道德责任的归属等根本问题息息相关。所以,心灵因果问题主要不是去质疑心灵本身有无因果效力,而是要去解释心灵何以具有因果效力。具体而言,心灵因果问题往往产生于这样的情形:某种心灵理论的特定前提或者蕴涵了心灵副现象主义,或者此种理论不能给予心灵一个充分的因果角色。因此,心灵因果问题就要求我们为特定理论中的心灵因果作用进行辩护或证实。此外,从另一个角度看,由于当代很少有人还在严格意义上坚持存在着柏拉图式的独立心灵领域或笛卡尔式的独立心灵实体,心灵因果问题就通常表现为这样的形式:心灵属性能否作为一种因果属性,或事件能否凭借其心灵属性或作为心灵(qua mental)来发生因果作用。这样来看,很多传统的心身问题对于当代大多数心灵哲学家都不再成其为心灵因果问题,比如灵魂与身体间的因果作用、大脑与身体间的因果作用。前者间的因果关系已通常被认为是一个"范畴错误"(参见 Ryle, 1949),而后者更多地被看作物理因果性问题,而可以归类到一般因果关系的讨论中。

那么当代的心灵因果问题是什么样的呢？金在权在《物理世界中的心灵》中列举了当前给心灵因果作用带来严重困难的三类心灵因果问题,它们分别是由戴维森的"异常一元论"、计算主义或心灵内容外在主义和"排斥问题"造成的(Kim, 1998:32)。前两种理论在前面有所提及,它们问题的主旨可以归纳为:作为异常属性的心灵属性能否作为一种因果属性,以及作为外在属性的心灵属性能否作为一种因果属性。实际上,这也是将心灵因果问题引入心灵哲学当代讨论的两条主要途径:金在权、福多、麦克劳林、霍根、勒玻尔和洛威主要是从前一路径,而德雷茨基和伯奇主要是从后一条路径进入心灵因果讨论的。但金在权认为,给心灵因果带来最深刻危机的还是第三个问题——"排斥问题"。首先,它是直接针对物理主义的,其独特性在于它击中了物理主义的最核心处,而其他两个问题并不是本质地系于物理主义的,它们很大程度上对于是否承诺物理主义立场是中立的(参见 Kim,1998:30)。其次,相较于前面两个问题,排斥问题是对于心灵因果更根本的问题。可以假设我们得到了这样一种心灵因果理论,它使得心灵属性除同时满足异常性和外在性的要求外,还具有因果效力。此时,可以认为前两个心灵因果问题得到了解决。但只要这是一种物理主义的理论,排斥问题依然挥之不去:假设在某一时刻 t,心灵事件 m 由于其心灵属性 M 因致了具有物理属性 P 的物理事件 p,但由于物理主义世界观所承诺的物理因果封闭必然要求 p 在 t 要有一个物理原因 p*,那么如果 p 已有了一个物理原因 p*,还有什么因果工作留给它的心灵原因 m 呢?心灵原因似乎要被物理原因所排斥,而其因果角色也被后者抢先占有(preempt)。因果排斥就是要回答这样一个问题:假设每一个有原因的物理事件都有一个物理原因,那么它的心灵原因何以可能?(参见 Kim,1998:38)金在权认为这正是抓住了心灵因果问题的核心本质:在一个基础为物理的世界中,心灵行使其因果力何以可能(参见 Kim,1998:30)。从另一个角度也可看出因果排斥问题的基础性地位,正如一些作者所指出的:异常一元论和外在主义皆是由于其理论对心灵的本性做出了特定的预设或规定,而给心灵因果造成困难的。我们看到,心灵或是由其异常性或是由其内在性的本性而不适于因致他物;而排斥问题的力量并不依赖于对心灵本性的特定规定,它旨在说明的是,即使心灵的本性完美地合乎于因果作用,也没有什么东西可供它发挥这种作用(参见 Bennett,2003;Bennett,2006)。

以上是在当今心灵因果讨论的背景中对排斥问题的一个基本介绍。因果排斥的基本直觉其实由来已久,金在权将其思想根源追溯到 18 世纪美国著名宗教哲学家乔纳森·爱德华兹(Jonathan Edwards),并将其概括为"爱德华兹信条":

> 在"纵向"决定("vertical" determination)和"横向"因果("horizontal" causation)间存在着张力(tension)。实际上纵向决定排斥了横向因果。(Kim,2005:36)

金在权认为爱德华兹是第一个发现这种张力的哲学家。爱德华兹坚持这样的理论：不存在任何在时间中持存的对象，因为它们的存在都会被上帝所排斥，上帝是每个时刻这个被创造世界的持存因（sustaining cause）。因此，所谓时间中的持存物只是我们的幻想，真实的情形是上帝每时每刻都把世界不断地从虚无中（ex nihilo）创造出来。不存在所谓时间绵延中的世界，只有存在于各个特定时刻（instant）上的时间片段（time slices）般的世界序列。序列中的每个世界都是相互孤立的，各个世界间不存在因果关系。我们可以通过爱德华兹镜中影像的类比来理解他的思想：

> 事物在镜中的影像，当我们注视它们时，显得是那样精确地相同，是持续、完美的同一。但是众所周知这实际上是另一回事。哲学家们都知道这些影像，通过新的光线的印象和反射，是不断更新的；以至于旧的光线印下的影像不断消失，而新光线又每时每刻在镜子和眼睛里印下一个新的影像……并且新影像的瞬间显现并没有使得它们就是一样的，这和它们的显现间有一小时或一天的间歇的情形是相同的。存在于这个时刻的影像根本不是由存在于之前上一个时刻的影像导出的。正如看到的那样，如果相继的新光线被介于对象和镜子之间的东西所截断，那么影像立刻就消失了；过去存在的影像不会对维持它有哪怕一刻的影响。（转引自 Kim，2005：38）

在爱德华兹的理论框架中，事物"纵向"地依赖于上帝，而与"横向"的其他事物间没有因果关系，实际上它也不能因果地作用于任意时刻的上帝，这是标准的因果副现象情形。因果排斥论证即是依据这种思想构造出来的：既然排斥论证是对上层"横向"间事物因果力的归谬，那么我们首先假定"横向"的事物间存在因果关系。但是由于每一时间片段上的事物都是由上帝"纵向"地决定的，"横向"的事物既不是上一刻出现事物的结果，也不是下一刻出现事物的原因，因此可以说"横向"间的因果关系被"纵向"的决定关系所排斥，这样就完成了对横向关系因果力的归谬。

我们看到，因果排斥思路的关键之点在于看到"横向"与"纵向"间的张力，即认可"爱德华兹信条"的内在直觉。如果我们感受不到这种张力，或者不认为这是正确的直觉的话，那么在很大程度上因果排斥的力量就被削弱了。① 而且，这种张力越大，因果排斥的作用就越明显。

---

① 但这是否意味着，如果感受不到这种张力，排斥论证就不再有效呢？在后面的详细讨论中我们会发现，金在权的实际观点是：即使不承认有所谓张力的非还原物理主义者，仍然难以规避排斥论证。

从另一个角度来看,即使我们认可存在所谓张力,但这未必就一定能导致因果排斥。首先来看这样的情形:即使一个事物不是"产生"另一个事物的原因,但是它们之间恒常相继出现,这不正是休谟意义上的因果关系吗?我们再来看这样的情形:在爱德华兹的图景中,如果把事物和上帝间的关系理解得足够紧密的话,以至于在任意时刻 t,事物未出现是由于上帝在 t 时刻的缺席;若在 t+1 时刻上帝还缺席,则在 t+1 时刻事物也不会出现……在某种意义上,我们可以说"如果此刻的事物不出现,那么下一刻的事物也不会出现",这不正是反事实依赖的因果关系吗? 这样看来,我们似乎需要一种比较"实质"的产生性(productive)或生成性(generative)的因果理论才足以维持排斥的张力。这种因果理论显然不是休谟的规则式因果理论,或反事实依赖的因果理论。[①]

金在权把以上因果排斥的基本直觉应用于物理主义背景下的身心关系讨论中,构造出著名的排斥论证。对于承诺心物随附的物理主义者,这一论证还有其特殊版本——随附论证。在他 20 世纪 80 年代关于心灵因果、随附和因果解释的一系列文章中,排斥论证的基本形态已经开始浮现。而在他 90 年代初的文章中,排斥论证开始以明确的论证形式得以表达。排斥论证的主旨就在于,揭示了所有持属性二元论立场的物理主义者,尤其是非还原物理主义者,在解释心灵因果作用时面临着严重的困境,即"横向"的心灵间的因果关系和"纵向"的心物依赖关系(如随附或实现关系等)间存在巨大张力,使得心灵的因果作用往往被其物理基础排斥,或其因果角色被后者抢先占有。进而,这个论证作为对非还原物理主义立场的归谬,显示了其作为一种身心关系理论的不稳定性,最终不是倒向还原论物理主义就是倒向消除主义,而金在权认为只有前者才是正确的道路。既然排斥论证作为一种归谬论证(reductio ad absurdum),它的前提中就必然包含对非还原物理主义立场的基本规定,第一章第二节所阐述的最小非还原物理主义纲要的三条基本原则就可以看作排斥论证的前提:心灵属性的不可还原性,心物依赖和心灵属性具有因果效力。除此之外,因果排斥机制的运行还要依赖于两条重要原则的交替联合使用,即物理领域的因果封闭和因果/解释排斥原则,它们也是排斥论证的前提。在下面我们将看到,因果封闭突显了心灵因果和心物依赖间的张力,奠定了心物因果作用在心灵因果作用中的基础地位;而排斥原则是完成排斥过程的核心依据,但排斥原则本身对于心物因果竞争本身是中立的,这又需要借助因果封闭来确保物理原因的最终胜出。本章接下来的两节将

[①] 关于这个问题,在第三章第二节会有详细的讨论。

依次介绍这两条原则及其出现在排斥论证前提中的恰当形式。在以上理论"构件"都齐备的情况下,第四节将对排斥论证的作用机制做出阐述。最后的第五节,将介绍金在权试图通过功能还原来消解排斥问题的方案,并评价其解决效果。

第二节 物理因果封闭原则

一、物理因果封闭及其经验科学依据

物理因果封闭(physical causal closure),也被称为物理完全性(completeness of physics),其基本思想就是把物理领域看作一个封闭的因果系统,我们从来不需要或者不能到物理领域之外去寻求一个物理事件的原因。物理主义显然与物理因果封闭密切相关,金在权认为这是任何一个严肃的物理主义者都应该承诺的基本原则。戴维·帕皮诺(David Papineau)甚至认为物理主义在20世纪后半叶的兴起主要就归功于当代对物理因果封闭原则的广泛认同(参见 Papineau, 2001),因为在为物理主义辩护的许多重要论证中,这条原则作为前提或预设发挥了核心作用。克朗(Tim Crane)曾把这类论证的基本形式大致归纳为如下形式(参见 Crane, 1995):

(1) 存在心灵因果。
(2) 物理领域的因果封闭。
(3) 不存在过度决定论。
(4) 心灵因果作用与物理因果作用是同质的(homogeneous)。

可以把这类论证叫作对物理主义的因果论证(causal argument),其基本思路就是在物理因果封闭的前提下,通过各种具体的拒斥过度决定论的原则来排除心灵因果异质于物理因果的可能性。我们看到从斯玛特、阿姆斯特朗、刘易斯到戴维森等物理主义者都不同程度地利用了这个论证,金在权的排斥论证当然也属于广义的因果论证范畴,只不过他有独特的拒斥过度决定论的理由——因果/解释排斥原则。

物理领域的因果封闭具有非常直观的说服力,我们很容易设想其他领域的因果系统被物理原因强行介入的例子,但要想象相反的情形却不那么容易。比如,我们一般不会认为生物领域是因果封闭的,射入人体的子弹、击中

脑袋的篮球这些物理原因很容易给有机体造成死亡或昏厥的生理效应。我们一般也不会认为心灵领域是因果封闭的,写论文的思绪这样的心理状态也时常会被手机的震动这样的物理原因所打断。但这并不意味着物理现象有非物理的原因是不可设想的,甚至也不意味着其他领域的因果封闭是不可设想的。因为,设想它们存在的情形完全不涉及逻辑矛盾。我们完全可以设想心物平行的实体二元论情形,"前定和谐"(pre-established harmony)保证了心灵和物理领域的相关事件对应发生,而这两个领域可以各自都是一个因果封闭的系统。这意味着物理因果封闭不是一个先天真理,这是尤其要注意的一点,实际上对它的接受很大程度上依赖于科学尤其是物理学理论发展的进程。

通常认为接受物理因果封闭与接受物理中的守恒律(conservation law)有关,物理量的守恒使我们倾向于相信物理系统是因果封闭的。但帕皮诺的研究表明,事情并不像我们想象的那么简单,人们对守恒律的理解也随物理理论的发展不断经历着演化过程,而且并非每种守恒律都能排斥非物理的或生机论的(vital)因素作为物理事件的原因(参见 Papineau, 2001)。认识到这一点,有助于我们理解物理因果封闭的限度和强度,尤其是理解金在权在排斥论证中所采用的特定版本的物理封闭原则。根据帕皮诺的研究,在笛卡尔所依据的 17 世纪物理学中,守恒律就不能排斥非物理原因。因为当时守恒律主要是运动的量的守恒(conservation of amount of motion),而运动的量是物体的质量(mass)和标量速度(scalar speed)的积。标量速度不同于矢量速度,它是不考虑方向的速度,这使得在标量速度一致的情形下,运动方向的改变不会导致运动的量增减。因此,在松果腺中,心灵因果的机制很可能是这样的:心灵实体对物理实体的因果作用就是改变后者的方向,这与运动的量守恒是相容的。而到了莱布尼兹的时代,守恒律才体现为作为质量和矢量速度(vectorial)积的动量守恒(conservation of momentum),这才真正实现了任意物理的量都由之前物理量决定的物理因果封闭。为了应对这样的物理因果封闭,莱布尼兹不是像当代物理主义那样将心灵原因与物理原因同一,而是否定了心灵事件有物理后果的可能,并诉诸上帝的"前定和谐"来保证心灵领域和物理领域间的对应关系,这实际上是一种身心平行论。然而,之后的牛顿物理学却又重新打开了非物理力包括心灵力或生命力(vital force)进入物理领域的通道,其关键之点在于,不同于莱布尼兹物理学只认可冲力(impact),牛顿物理学认为诸如重力(gravity force)、磁力(magnetic force)、附着力(adhesion force)等非涉身的(disembodied)力也可以导致加速度。这使得牛顿物理学在原则上不能排斥生命力之类的非物理力的存在,实际上很多

18世纪的思想家都预设了"可感受性"(sensibility)之类的心灵力量。牛顿物理学发展到焦耳(James Jole)的时代,能量守恒律基本已表现为动能(kinetic energy)和势能(potential energy)的和的守恒,即使这暗示了所有力都服从决定论的力学律,仍然不能排除决定论形式的生命力之类影响物理领域。帕皮诺认为,19世纪中叶到20世纪中叶,赫尔姆霍兹(Hermann von Helmholz)在生理学和物理学领域对能量守恒的研究得到现代生命科学尤其是分子生物学中的众多实验的证实,这才使得大多数科学家不再相信生命力或心灵力,物理领域的因果封闭终于获得普遍接受。

二、物理因果封闭原则的恰当形式

在以上对物理因果封闭原则确立过程的介绍中,有两个问题是值得注意的。

首先,物理因果封闭必然预设了对于"物理"概念的某种理解。显然,这里又会遇到前面所提到的"亨佩尔悖论":这里所理解的"物理"是依据当今的物理学呢还是未来理想的物理学呢? 如果是依据前者,则这样的物理因果封闭原则很可能在将来是错的;如果依据的是后者,而我们也许根本找不到这样的物理因果封闭来为当前的论证服务。在这里和本文其他地方,笔者都不准备详细讨论如何应对"亨佩尔悖论"和它对排斥论证的可能影响,在不特别加以注明时都默认本文所理解的"物理"依据当今物理学中所讨论的范畴、概念和属性。其实以上对物理因果封闭的介绍已预设了这种对"物理"的理解,也有理由认为,金在权对排斥论证中作为前提的物理封闭原则的构造同样遵循这一思路。

其次,我们必须注意到,物理因果封闭是一个经验命题,对它的接受很大程度上来自于经验科学的证据。虽然赫尔姆霍兹等科学家宣称坚持能量守恒与拒斥非物理的生命力密切相关,但确实没有理由认为此类力的存在与能量守恒是不相容的。并且能量守恒自身也没有告诉我们哪些力是在物理宇宙中运作的基本的力(参见 Papineau,2001:25),是否生命力也可以属于基本力的范畴还是一个未决的问题。此外,人们一般倾向于相信基本的力可还原为物理的力和生理学上至今尚未发现存在非物理生命力的证据,是因果封闭得到认可的另外两个原因。但要注意的是,它们都不是排斥非物理力的决定性论证。如果把这些考虑加入对因果封闭原则形式的具体构造中,我们就应当避免如下形式的封闭原则,如:"物理事件的原因必然自身也是物理事件"或"物理事件没有非物理的原因"。它们并没有体现出物理因果封闭经验的一面,也没有体现出物理因果封闭在能否完全排斥非物理的力这点上是一个开放式的问题。因此,对这一原则的更好归纳可能是那些强度更低的论断,如:"我们从来不需要到物理领域之外去寻求物理事件的原因"或"如果一个物理事件的原因发生于某一时刻,那么它在该时刻有一物理原因"。因为它们并没有直接断言物理事件不可能有非物理的原因,而只是说,在物理领域内能够找到任何物理事件的充分原因。金在权在建构排斥论证时对物理因果封闭原则的阐释就是遵循这一思路的,但是他在不同时期对这条原则的表述还是有差别的,一些作者注意到了他在不同时期的著作中实际上采用了强度不同的封闭原则(参见 Raymont, 2003)。以下将考察金在权对封闭原则的几种不同的具有代表性的表述,以确定一种适合于排斥论证的封闭原则的形式:

(1) 任何物理事件如果在时刻 t 有一个原因,那么它在时刻 t 有一个物理原因。即这样的假设:如果我们追溯一个物理事件的因果前件,我们从来不需要(need never)走出物理领域。(Kim, 1989b: 280)

(2) 如果你挑出任意物理事件,去追溯它的前因后果(causal ancestry and posteriority),那绝不会将你带出物理领域。即,没有可以跨越物理和非物理之间边界的因果链。(Kim, 1998: 40)

(3) 如果一个物理事件在时刻 t 有一个原因,那么它在时刻 t 有一个充分物理原因。(Kim, 2006: 195; Kim, 2009: 38)

从以上这三种对封闭原则的不同表述,可以看出金在权一直在修正他对物理因果封闭的理解,至少我们可以看到在各种表述下这条原则强度的波动。在考察它们的差异和可能的后果前,我们先来关注它们的基本共同点。

首先,金在权所理解的物理因果封闭要表达的最根本思想是什么?这个问题从正面难以说清,我们可以从金在权对违背物理因果封闭的论述来看。金在权一贯强调如果拒斥这条原则,就相当于拒斥物理学的可完全性(completability)。这里所说的"可完全性",并不意味着现实中就有那么一种完全(complete)和全面(comprehensive)的物理理论,而是指我们相信物理学在原则上(in principle)可以是完全的。这样,拒斥物理因果封闭原则就相当于拒绝承认一个关于物理现象的完全和全面的物理理论成立的可能性。换句话说,物理因果封闭就是为了确保物理领域在因果和解释上的自足(self-sufficiency)。

其次,金在权对封闭原则的表述中都强调"时刻 t"的物理原因,这是为了避免非物理的原因在中间插入因果链。考虑"如果一个物理事件有一个原因，则它有一个物理原因"是不是对物理因果封闭的正确表述。这样的表述显然是有问题的，试想我们可以在原本由物理事件构成的因果链中加入一个心灵事件，使得它是它前面一个物理事件的结果而同时又是它后面一个物理事件的原因。这显然是违背物理因果的，但根据因果关系的传递性（transitivity），这种情形仍然满足该表述的要求（参见 Kim，2005：43）。而金在权通过在表述中加入"时刻 t"这样的技术手段，就避免了以上心灵事件作为中间原因的情形。①

再来看上面对封闭原则的三种表述，金在权对于这三种表述的差异并没有做出明确说明。但通过分析不难发现，它们所表述的物理封闭的强度和可能后果是不一样的，笔者认为只有(3)是适合于排斥论证的封闭原则的恰当表述。

关于(1)是否是封闭原则的恰当表述，并不是一个很明确的问题。至少在金在权最近的著作中（参见 Kim，2005），(1)和(3)还交替出现。显然"我们从来不需要走出物理领域去追溯一个物理事件的原因"这样的表述是没有争议的，关键在于对这个物理事件"在时刻 t 有一个物理原因"的理解。如果(1)中的时刻 t 的"物理原因"为"充分物理原因"的话，则(1)是可以接受的；而如果理解为一般的原因的话，则该表述是有问题的。那什么是金在权所理解的"充分物理原因"呢？这个问题在后面相关部分将有详细论述，在这里仅为了当前需要加以说明如下。

第一，金在权的"充分物理原因"应该是预设了产生式或生成式的因果理论，即他所谓的"实在的"因果关系，而不是反事实依赖式的因果关系。② 这就是说，在"某个物理事件的不发生可能会造成某些影响"这个意义上来说的原因，不能作为金在权意义上的充分物理原因，例如："如果玛丽给这些植物浇了水的话，它们可能不至于枯死"中的"玛丽没浇水"不能作为"植物枯死"的充分原因。金在权所理解的充分物理原因除了能使结果的出现在法则学上是必然的之外，还要求这个因果过程有实质的物理接触，或有他所谓的"能量流"（energy flow）存在。

第二，在金在权的理解中，充分原因是与完全解释（complete explanation）密切相关的。一个物理的完全解释就是对被解释项（explanandum）的充分物

---

① 其他作者也有关于避免这种情形的类似表述，例如："每一个物理结果都有一个直接（immediate）充分的物理原因，就它有一个充分物理原因而言。"

② 虽然在初期对排斥论证的论述中，金在权并没有强调其论证预设了某种特定的因果理论，他实际上是默许了排斥论证在各种因果理论下皆成立。加入对这个背景的考虑，更给如何理解表述(1)中"在时刻 t 有一个物理原因"增加了不确定因素。

理因果条件集——充分物理原因——的详细说明(参见 Kim, 1989a：251)。可以通过金在权给出的例子来理解这一点。当我们要解释一场车祸为什么发生时，根据解释语境我们可以说：或是交通拥挤、或是道路结冰、或是车闸故障、或是司机缺乏经验导致了这场事故，并且其中每一个条件都是导致事故发生的重要因素，这种意义上所举的各个解释都不能说是完全解释，它们对应的原因也不是充分原因。

此外，物理因果封闭原则应该与因果排斥原则密切相关。在排斥论证中，正是封闭原则和排斥原则的交替使用使得任何异于充分物理原因的事件被排斥掉，这就要求作为同一个论证前提的两条原则在相关事项的表述上保持一致。我们知道，关于排斥原则有相对固定的表述，即：如果一个事件 e 在时刻 t 有一个充分原因 c，那么在时刻 t 任何异于 c 的事件都不能成为 e 的一个原因。排斥原则所关注的是 t 时刻的"充分原因"，与之相关，封闭原则中应该强调 t 时刻的"充分物理原因"。因此，(1)所表述的封闭原则对于排斥论证来说是意义不明确的。

在考察(2)是不是适合排斥论证的恰当表述前，我们不妨先来看一种金在权曾提及但实际并未采纳的封闭原则的形式，即他所谓的"强封闭"(strong closure)：

(4) 任何物理事件的原因自身也是一个物理事件，即，非物理事件不能成为一个物理事件的原因。(参见 Kim, 2005：50)

之所以(4)被称为"强封闭"是显而易见的，因为它不仅仅禁止了非物理事件作为物理事件全部原因的情形，它实际上根本排除了非物理事件可以作为物理事件原因的可能性。金在权认为采用(4)所表述的原则作为排斥论证前提有两个显著后果(参见 Kim, 2005：50)。

第一，强封闭使得过度决定论情形不再出现，因为它自身就拒斥了从心灵到物理的因果作用。

第二，强封闭使得排斥原则不再必要，因为它再加上非还原的前提，就可排斥掉任何试图成为物理事件原因的心灵事件。我们可以看出，金在权虽然没有直接反对(4)，但他实际上还是倾向于将一个强度更弱的原则作为前提，对此，他曾做出如下分析。首先，尽管金在权认为排斥原则事实上近于一个没有多少内容的分析真理，但很多人对此仍有异议。而把(4)作为前提就省去了论证对排斥原则的依赖，这是接受(4)这种表述的一个好处。并且，我们大可不必担心去掉了排斥原则后的论证是否还能叫作排斥论证，因为(4)本身就起到了原先的封闭原则加排斥原则两个前提才实现的排斥效果。进而，物理主义者似乎也没有特定理由来反对强封闭。既然这能简化论证，又规避了处理过度决定等麻烦情形，我们为什么不采纳(4)作为前提呢？金在权认为，虽然有以上好处，但为了不失去排斥论证的哲学兴趣，我们毋宁把论证的负担分担给一系列强度更弱的前提，而不是加之于个别高强度的前提(参见Kim, 2005: 51)。

笔者基本同意以上分析，但并不认为物理主义者对这样表述的封闭原则本身没有异议。从上一小节中我们知道，物理因果封闭是一个后天经验命题，在很大程度上依赖于对当前物理学尤其是能量守恒律的理解，而能量守恒对于非物理的力能否影响物理领域一定程度上持开放性态度；相应地，反映在对排斥论证的构造上，恰当的策略应该是为可能的科学经验发现留有余地。对封闭原则的更好表述应该是允许非物理事件有作为物理事件原因的可能性，但是不允许一个物理事件的所有原因都是非物理的。这样看来，(4)在建构恰当哲学论证和体现科学经验证据两方面都是不足的，不是适合于排斥论证封闭前提的表述。

我们现在再来看(2)是否是封闭原则的恰当表述就相对容易了。首先，这个表述的前半段"如果你挑出任意物理事件，去追溯它的前因后果，那绝不会将你带出物理领域"应该是没有争议的。关键在于后半段表述"没有可以跨越物理和非物理之间边界的因果链"可能蕴含了比(4)强度还大的因果封闭。斯文·瓦尔特(Sven Walter)就曾指出，这实际上排除了物理原因产生心灵结果的可能性(参见 Walter & Heckmann, 2003: 227)。金在权在近期的著作中似乎也意识到了这一点(参见 Kim, 2005: 50)，虽并未就此做出详细说明，但我们不难设想(2)也不是封闭原则理想表述的理由。我们可以看出，(2)的强度远大于(4)：在这种表述下，我们确实从来不需要到物理领域外去寻求物理事件的原因，实际上我们也不能(cannot ever)这样做。这不仅仅是在非物理事件不能进入物理领域产生物理结果这个意义上而言，实际上物理事件也不能进入非物理领域发生因果作用，因为根本就不存在跨界的因果关系或"混合"的因果链。(2)不仅禁止物理事件有心灵原因，而且也禁止物理事件有心灵结果，其效果相当于同时断定了物理和非物理两个领域的因果强封闭。[①] 如果采用(2)所表述的封闭原则作为前提，将类似于上面(4)的情形：排斥论证当然是可以成立的，但整个论证也由此变得近于琐屑地真了，

[①] 当然，也可能有这样的情形，即只有物理领域有因果关系，非物理领域根本不存在因果关系。但这也可理解为某种意义上的非物理领域的因果封闭。

因为仅靠(2)所表述的封闭原则这个前提本身就排除了非物理原因存在的可能性,使得排斥原则的作用变得可有可无。除此之外,这时的论证比以往还排斥掉更多的东西——物理事件的心灵结果。因此,类似于(4)的情形,(2)所表述的封闭原则虽然有简化论证的作用,但排斥论证也会由此失去很多哲学上的趣味,且这样的表述是否与经验科学事实相符,是否断定了过多的东西,也是存有争议的。其中,作为(2)的一个推论,物理事件没有非物理的结果尤其有悖于一般人的直觉。这些都使得(2)不能作为排斥论证封闭原则的恰当表述。

综上所述,(3)所表述的封闭原则,即"如果一个物理事件在时刻 t 有一个原因,那么它在时刻 t 有一个充分物理原因",作为排斥论证的前提最为恰当。

三、物理因果封闭原则的哲学意蕴

物理因果封闭原则的哲学意蕴实际上已经陆续体现在上文对它与经验科学关系的介绍中,尤其体现在对各种强度不同的封闭原则可能的哲学后果的比较中。在这一小节中,我们将集中考察作为排斥论证前提的因果封闭原则的哲学意蕴,这能使我们更好地了解排斥论证的强度、限度和内部作用机制——尤其是其中封闭原则与排斥原则的关系问题。

经过上文的考察,我们确定了适合排斥论证的封闭原则的恰当表述形式:

> 物理因果封闭原则:如果一个物理事件在时刻 t 有一个原因,那么它在时刻 t 有一个充分物理原因。

由于金在权坚持因果和解释的密切相关,这条原则在解释理论中也有其对应版本,可以将其表述如下:

> 物理解释封闭原则:如果一个物理事件有一个因果解释(通过发生于 t 时刻的事件),那它有一个完全的物理因果解释(通过发生于 t 时刻的物理事件)。

首先,我们应该看到在这种理解的前提下,物理因果封闭原则本身并没有排斥物理事件有非物理的原因,更不排斥物理事件有非物理的结果。换句话说,当我追溯一个物理事件的原因或因果解释时,我们从来不需要走出物理领域,而不是不能走出物理领域。并且,这样的物理原因是充分物理原因,相应的物理解释是完全物理因果解释。因此,物理领域在因果上,进而在解释上都是完备(self-contained)和自足的。那么如何理解物理事件的非物理原因呢(如果有的话)?金在权认为,即使存在这一类非物理原因,它们也不是本质原因(essential cause);并且一个物理事件如果有非物理原因,同时必然也有充分物理原因(Kim, 2009: 38)。

其次,这样理解的物理因果封闭也不同于物理决定论。物理决定论认为,每一个物理事件都有一个充分物理原因。而物理因果封闭不但没有蕴涵物理决定论,甚至还相容于物理决定论的失效。因为封闭原则并没有暗示每一个物理事件都有原因,它还容许没有原因的物理事件的存在,进而,它也不会断言每一个物理事件都是有因果解释的。

再次,这样理解的物理因果封闭原则与非物理的事件和实体的存在是相容的,也相容于非物理领域内关系的存在。这意味着,它与心物实体二元论的立场也是相容的,只要后者不违反物理领域的因果和解释的自足就行。比如,笛卡尔的交互二元论(interactionist dualism)就显然是不相容于物理因果封闭原则的。

通过以上考察,我们看到,排斥论证仅靠这样的物理封闭原则不足以排斥掉非物理的原因或因果解释,它排除了非物理的事件作为物理事件充分原因和完全解释的可能性。要完全排斥掉这些非物理因素,我们还必须引入另一条重要原则——因果/解释排斥原则,这将是下一节所考察的内容。

第三节 因果/解释排斥原则

一、从机械论的可设想性到解释排斥

因果/解释排斥原则,这个排斥论证最为核心的前提,最早出现于金在权20世纪80年代末关于排斥问题和因果解释的一系列文章中。这条原则最初是以"解释排斥原则"(the principle of explanatory exclusion)的形式出现的,即任何事件都不能被给予多于一个的完全和独立的(complete and independent)解释。然而,由于金在权一向坚持全局实在论(global realism),以及解释和因果关系的密切相关,解释排斥原则实际上也有其对应的本体论版本——因果排斥原则(the principle of causal exclusion),即除非处于系统过

度决定情形,任何事件不能有多于一个的充分原因。需要注意的是:金在权在阐述排斥论证时,经常把这两个版本的原则不加区别地交替使用,比如,用解释排斥原则去排斥非充分的(心灵)原因。而严格的表述应该是:用解释排斥原则去排斥不完全或不独立的(心灵)解释。而在金在权的近期著作中,多用因果排斥而少提解释排斥,使得一些作者推测他实际上可能放弃了排斥原则的解释版本(Gibb,2009),但这点并未得到金在权的证实,其是否成立也留待后文讨论。

金在权解释排斥原则的思路来源于马尔科姆关于行为(behavior)的解释兼容性(compatibility)问题的讨论,即对于同一行为,我们能否同时给出一个机械论(mechanistic)的解释和一个目的论(purposive)的解释。[①] 前者通过神经生理学法则,而后者则通过目的、信念和目标间的推导关系来进行解释,这类似于我们今天所说的物理解释和心灵解释。马尔科姆的观点主要体现在他 1968 年的著名文章《机械论的可设想性》中,在其中他的结论具有一定程度的开放性:从不导致逻辑矛盾这个方面看,机械论是可以设想的,并且机械论的解释和目的论的解释是逻辑相容的。但从机械论的解释会导致逻辑荒谬(logical absurdity)这个方面看,机械论是不可设想的。比如,如果机械论是成立的,这就会导致我们对机械论的真是不可言说的(unstatable)。总之,他倾向于这两种解释是不兼容的,但他又不确信他完全证明了机械论是不可能的(参见 Malcolm,1968:72)。笔者认为,金在权在他 1989 年的文章《机械论、目的和解释排斥》中对马尔科姆观点中非兼容的一面做了强化的解读,进而使得马尔科姆的论证所实现的效果变成了物理的完全解释排斥了心灵的解释。鉴于从马尔科姆的论证到金在权得到的结论还有一定距离,因此,下面有必要对从机械论的可设想性、两种解释的非兼容到解释排斥的过程做一厘清,其中需要注意的是金在权对马尔科姆论证的解读和重构。

马尔科姆所理解的机械论属于物理决定论的一个特殊应用范畴,即把物理决定论用于所有具有神经系统的有机体的情形。这样理解下的机械论假定了一个完备的神经理论,这样的理论将为所有不由外力(external force)产生的人类活动(movement)提供系统、完全、非目的论的因果解释(参见

[①] 一些作者认为排斥问题最早源于马尔科姆(参见 Bennett,2006),而本节的论述主要依据金在权近期著作的论述(参见 Kim,2005),认为排斥问题的基本思路来自爱德华兹。而鉴于金在权解释排斥原则的提出与马尔科姆的论证直接相关,本节认为其排斥原则的思路直接来自马尔科姆。当然,排斥问题与排斥原则是密切相关的,但显然也是不同的,笔者认为其差异的最大方面在于排斥问题(尤其是据此构造的排斥论证)是与物理主义直接相关的,而排斥原则对于原因是不是物理的持中立态度,因为排斥论证中使物理原因最终胜出的那一步来自物理因果封闭原则。

Malcolm, 1968：46)。这里所理解的"外力"是指外在于神经系统却可以影响其运作的因素,外力所造成的活动(比如,你被别人推倒)是不能被上面所说的神经理论所解释的。但是只要活动是内在于有机体的,机械论必然能给出一个充分解释,这类似于对于神经系统内活动解释封闭的情形。这样的解释是通过联结神经状态和身体活动的法则来完成的,这些法则显然是偶然的经验法则。我们看到,这种机械论的解释类似于金在权所说的物理的完全解释,马尔科姆的问题就是这样的解释是否是可以设想的。

那么什么是他所理解的目的论的解释呢？实际上就是那些我们日常熟悉的诉诸目的、欲望、信念、意向的解释,类似于今天所说的"民间心理学"的解释。但与我们日常所理解的心理解释不同的是,这种解释中的"目的"是在一个很强的意义上理解的。马尔科姆是在泰勒(Charles Taylor)所说的"意欲"(intend)这个意义上来理解"目的"的,意欲 X,即在没有干扰因素的情况下(the absence of interfering factors),能直接导出做 X。因此,不能说：意欲 X,即使在没有障碍或其他阻碍因素的情况下,我仍不能做这件事(参见 Taylor, 1964：33)。可以用马尔科姆的例子来说明这一点：一个人的帽子被风吹上了屋顶,如果他想取回帽子,并且相信这需要他爬上梯子,那在没有阻碍因素的前提下,他就会这样去做。阻碍因素可以包括没有梯子、他对攀爬的恐惧,以及对爬上屋顶后梯子被撤去的疑虑等,但不能把攀爬失败看作阻碍因素(参见 Malcolm, 1968：46)。在这种理解下,目的论解释相当于意向表达式(expression)和行动表达式的逻辑构造,马尔科姆因而认为这种解释是先天真(true a priori),这也意味着目的论解释不能被经验所证伪。

我们可以将这两种解释分别表述如下：

机械论解释：每当一个具有 S 结构的有机体处于神经生理状态 q,它将发出(emitted)活动 m。

有机体 O 具有 S 结构,曾处于(was)[①]神经生理状态 q。

因此,O 发出 m。

目的论解释：每当一个有机体 O 具有目的 G,并且相信达成目的 G 需要行动 A[②],O 将做出行动 A。

[①] 在这个前提和结论中都用了过去式,是为了把"解释"和"预言"(prediction)的情形区分开来,后者相应位置的动词用一般现在时或一般将来时的时态。下面的目的论解释的动词时态也同此情形。

[②] 马尔科姆此处原文用的是"行为"(behavior)并代之以"B",笔者认为根据马尔科姆的意思,此处更确切的表述应该是"行动"(action),具体原因接下来将要提及。

O 具有目的 G,并且相信行动 A 是 G 所需要的。

因此,O 做出 A。(Malcolm,1968:47)

马尔科姆认为这两种解释如果都有共同的一个解释项,即解释同一个行为的话,它们之间会有冲突(collision)。至此,我们不免有很多疑问:如果其中一种解释比另一种更加基本,以至于后者依赖于前者的话,那么实际上的只有一种解释,不存在冲突的情形;再进一步,也许机械论与目的论所解释的东西根本不同,或许只是同一行为的两个方面的话,那么根本不存在两种解释的冲突;更有甚者,也许目的或意向(intention)本身根本就不能作为行为的原因。在讨论机械论是否可设想前,马尔科姆必须排除以上三种情形,他的策略如下。

第一,关于一种解释可能比另一种解释更加基本的问题。人们通常认为完备的神经生理解释(如果有的话)比日常的民间心理学解释更基本,其实马尔科姆对两种解释的理解已暗示了他的答案——它们的基本程度根本不能比较。如果一种解释所依据的法则依赖于,甚至可以还原为另一种解释依赖的法则,我们可以说后一种解释更基本。但机械论解释所依据的是偶然的经验法则,是神经生理状态的恒常联结;而目的论解释所依据的目的原则是先天命题,是目的和行动的逻辑构造;后者显然不能偶然地依赖于任何偶然的恒常性,由于它是根据意义为真,也不能被经验所证实或证伪。两种解释不同的逻辑性质决定了一种不解释不会比另一种更基本。

第二,关于所谓"双重解释项"(dual explanandum)的问题。其实,从上面对两种解释的介绍中就能看出这可能是个问题:目的论解释所解释的是"行动",而机械论解释所解释的是"活动",虽然这两者都可以被笼统地称为"行为"。马尔科姆意识到这也许是两种不同的言说体(bodies of discourse)或语言游戏(language games)[①],但为了两种解释的兼容性问题得以彰显,他实际上是假定了而不是论证了它们解释的是同一事件,比如"一个人爬梯子这件事情的发生(occurrence)"(参见 Malcolm,1968:47)。

第三,关于目的或意向能否作为原因。马尔科姆认为,我们对因果语言的使用并不仅限于原因和结果被偶然联结的情形,因此意向也能作为原因。但非所有意向都能作为原因,他区分了简单意向(simple intention)(想做 X)和进一步意向(further intention)(为了做 Y 而去做 X)。在简单意向中,有一

[①] 这也许为他最后得出带有开放性的结论埋下了伏笔,比如:"这是不是一种归结于虚假图像(false picture)或误导性类比的倾向?"(参见 Malcolm,1968:72)

类与行动同时发生或发生于行动中的意向（比如紧急踩刹车时的意向）不能作为原因，这时的意向仅仅作为定义行动的分析必然条件。①

至此，马尔科姆扫清了前进的障碍，我们现在所得到的图景是：我们现在对同一个行为有机械论和目的论两种充分因果解释，并且这两种解释是互相独立的。接下来马尔科姆的讨论大概分为两个步骤：第一阶段是先假设机械论可以设想，再讨论这两种解释的兼容性问题；第二阶段相当于是把前一步作为归谬前提的一个归谬论证，由于上一阶段会导致一些难以接受的逻辑荒谬。因此，机械论在某种意义上是不可设想的，或对它的设想是有困难的。结合排斥问题来看，金在权的兴趣仅限于以上第一阶段，换句话说，他是在假定机械论成立的情形下去考虑解释兼容性问题的。因此，我们下面主要关注第一阶段的论述，而略述第二阶段的结论。

我们看到如果机械论是可设想的，那么其所预设的神经生理学理论必然是全面而完备的，它能给所有不由外力导致的身体活动以完全的因果解释。就其不承认神经生理状态和过程之外的条件作为原因而言，它是封闭的（参见 Malcolm, 1968：56）。我们看到，这类似于实现了金在权所说的物理因果封闭情形。② 借用金在权的归纳，马尔科姆利的论证用了如下的形而上学预设：

  （1）如果 C 对其后发生的事件 E 是因果充分的，那么没有与 C 同时发生却完全相异于它的事件对于 E 是必要的。(Kim, 1993a：243)

我们可以通过马尔科姆所设想的一个模拟机械论实现的逐步递进情形来理解这条原则：设想一个人想打开他面前的一扇门，他先转动门的手柄，然后推门而入。这时，旋转手柄导致了门打开，可以认为，他的意愿对开门这个行动至少有因果影响。然而，如果门内隐藏了一个电子机械装置，使得他一转手柄，门就自动弹开。这时，很难认为旋转手柄和门打开之间有因果联系，或换句话说，是机械装置而不是他开的门。但这人也许会辩解说他有转手柄的行动，但一个更进一步的机械装置可以使他一握手柄，手柄自动旋转，然后门弹开。这时，他也许还想宣称他移动了手，但神经生理理论已可以提供关于他手的活动的完全因果解释，我们已经不需要求助于他的意愿来解释这个行为了。用马尔科姆的话说，如果这些情形中还有行动的话，它的因果

---

① 这里仅在"行动是有意识的行为"这个意义上来理解简单同期意向作为行动的定义条件。比如，如果司机在紧急刹车时没有这种意向，我们只能把这叫作"误踩刹车"或"无意刹车"等行为，而不是行动了。

② 但严格说来，物理因果封闭与以上情形是不同的。因为在严格意义上，只有物理领域是因果封闭的，神经生理领域对于化学因素和物理因素是不封闭的。

效力（causal efficacy）已经被机械的操作排空了（nullified）（参见 Malcolm，1968：56）。我们看到，如果机械论可以设想，就意味着一个行为有了完全的神经生理解释，那么目的论解释就不再是必要的。此时，我们不但不能确定这些行为的发生中是否有意向或愿望的因果作用，更有甚者，这还暗示了以上心灵状态是可以不存在的：一个人的帽子被风吹上屋顶，他完全可以毫无意识地爬上梯子去取。马尔科姆的论证似乎利用（1）这条形而上学预设，这已相当于排斥原则的雏形，但有两点是需要注意的。

第一，虽然马尔科姆是在机械论和目的论的背景下谈解释（甚至因果）的兼容性的，但是其依据的形而上学预设（1）本身是话题中立的（topic neutral）。它不在乎 C 或完全异于 C 的事件 C*（如果有的话）是物理的还是心灵的，抑或是微观的还是宏观的，只关心它们对于 E 是不是因果充分的。

第二，马尔科姆的论证没有考虑 C 和 C*（如果有的话）的共时性因素，这也和他是在机械论和目的论的特殊背景下讨论问题有关。但如果（1）要具有普遍性，则必须加入"C 与 C* 是同时发生的"。假设它们不是共时的，则有可能出现如下情形：C 对 E 是法则学充分的，而 E 对 C* 是法则学充分的；且 C 早于 E 发生，E 早于 C* 发生；则 C* 对于 E 是法则学必要的。这虽然在逻辑上是成立的，但显然与我们试图论证的结果相反。因此，金在权参考了古德曼（Alvin Goldman）对马尔科姆论证的反驳，在（1）中加入了共时性的限制（参见 Kim，1993a：243）。

至此，马尔科姆已经完成了其第一阶段的任务，即在假定机械论可以设想的情形下，经过考察得出关于行为的机械论和目的论解释不能兼容的结论，实际上前一种解释排斥了后一种解释。而第二阶段的论述由于不是本文关注所在，仅略述结论如下：在不导致逻辑矛盾的意义上，机械论是可以设想的。但"断定机械论为真"这个行动却存在逻辑荒谬，因为"断定……为真"是有意识的行为，这本身就暗示了机械论的假。甚至，我们都不能逻辑一致地说出"尽管机械论不可言说，它可能真"，只有唯我论者（solipsist）能做出这样的断言。推而广之，机械论将使我们在理性基础上断定任何事成为不可能。最后，马尔科姆把机械论的信条用维特根斯坦的语气总结为：一个人不能言说，因此他必须保持沉默（One cannot speak, therefore one must be silent）（参见 Malcolm，1968：71）。

金在权的兴趣当然只限于以上第一阶段的论证，关于解释的兼容性问题，他认为马尔科姆基本上是正确的。实际上，马尔科姆在该阶段的论证已大致展现了解释排斥的轮廓，但是这离金在权最终提出的因果/解释排斥原则，以及这条原则在身心关系中的应用还有一定的距离。我们先来看金在权提出的解释排斥原则：

(2) 任何事件不被给予多于一个的完全和独立的解释，除非这些解释处于恰当的关系中，以致其中的解释或者不是自身完全的或者是相互依赖的。

金在权的上述原则可以看作加之于我们各种解释理论之上的一个约束条件(constraint)：我们对于同一事件可能有多个解释，即使这些解释在逻辑上相容，但也有相互排斥的可能，即这些解释的共存处于认识论的不稳定状态中。除非这些解释被合理地联结，使得它们各自既不是完全的解释，也不是相互独立的解释，这样它们才能同时被我们接受。金在权认为，解释排斥原则有两个部分的内容：一是关于解释的存在性(existence)，二是关于解释的接受性(acceptance)(参见 Kim, 1988，转引自 Ruben, 1993：239)。关于第一点，由于金在权最为关心的是因果解释，并最终把解释排斥推广到因果排斥，可以认为他预设了解释实在论的背景。这与马尔科姆是非常不同的，金在权认为马尔科姆的解释类似于亨佩尔的演绎的法则学解释即 D-N 解释模型，不是实在论的解释。关于第二点，金在权讨论了一个事件的多个原因在排斥原则的限制下的多种共存情形。马尔科姆实际上也论及了这一点，但限于他的机械论解释本来就是完全和独立的，并没有太多讨论空间。

总之，在 20 世纪 80 年代末，金在权重启了 60 年代的解释兼容性讨论，对马尔科姆思路的借鉴和重新解读使得他提出了解释排斥原则，并将其结论推广至心灵因果的讨论中。接下来的一小节将从上面提及的解释的存在性和接受性两个方面来理解金在权的排斥原则，介绍金在权的解释实在论，并讨论借此推广出的因果/解释原则如何对事件的多个原因共存情形发生影响。

二、解释实在论与因果/解释排斥

金在权在提出解释排斥原则的初期，并没有明确提及因果排斥原则，但有理由相信他一开始就暗示了这条原则的存在，其关键之点就在于理解他所谓的解释实在论(explanatory realism)。我们看到，解释排斥原则是一条认识论的原则，而因果排斥原则是一条形而上学原则，确保二者间具有对应关系的就是解释实在论。从出现的时间顺序上可以说，金在权从解释排斥原则过渡到因果排斥原则；但从二者的内在逻辑看，这两条原则一开始就是共存的。

不难看出：解释排斥原则加解释实在论蕴涵了因果排斥原则,同样地,后二者一起也蕴涵了解释排斥原则。而我们要理解金在权的解释实在论,首先要关注的是他的解释观。

金在权认为解释是一项认识论的活动,当我们需要解释时,我们通常处于一种认识论的不完满状态(epistemologically imperfect state),或者说陷入认识的困境(epistemic predicament)(参见 Kim,1993a：228 & 254)。而当我们拥有解释时,我们相当于实现了一项认识论上的成就,因为我们改善了自己认识的处境。而一个有效的解释往往是那些采用尽可能少的解释前提,而告诉了我们尽可能多的东西的解释。这相当于"解释的经济原则",因为太多的解释往往又把我们拖回到认识论的困境中(参见 Kim,1993a：254)。从这个角度看,解释排斥原则为奥康剃刀(Ockam's Razor)在解释理论中的应用提供了一个合理化证明(rationale)。

解释构成了知识,而知识通常用命题来表述,所以我们一般关注以命题形式出现的解释。而在以命题形式出现的解释中,又可能有多种形式,比如亨佩尔的 D-N 解释模型就是以演绎推理的形式出现的,但是在各种解释中,金在权主要关注的是因果解释。下面我们来看这种解释的形式：命题解释可以分为解释项和被解释项两个部分,它们之间的关系是解释项关系(explanans relation)。如果我们坚持解释的实在论,那么解释命题就应该表征(represent)世界的事实(fact)。假设需要解释的是事件,那么解释项关系就对应于事件间的"客观"关系——金在权称之为"解释关系"(explanatory relation)。假设 C、E 分别为解释项和被解释项,c、e 为它们所对应的事件,那么解释实在论可以表述如下：

  C 是 E 的解释仅通过这样的事实,即 c 和 e 之间有某种确定的客观关系。(Kim,1993a：229)

金在权认为所谓"客观关系"的必要条件是：它的被例示不蕴涵任何心灵状态的存在或不存在,除非它被那些状态例示。我们可以设想,当解释是因果解释时,解释关系就是事件间的因果关系；而由于解释关系是客观关系,那么这就必然要求一种客观的因果关系,这意味着因果实在论(causal realism)。这样的因果关系是独立于心灵的实在的关系,金在权后来也把这叫作产生式的因果理论。[①] 当然,这一切的前提是事件自身是客观的。金在

[①] 关于金在权排斥论证中的因果理论在第三章第二节会有详细论述。

权在讨论因果解释时实际上是把我们置入一个全局实在论(global realism)的背景中。

我们看到,如果在解释实在论的背景下,一个事件有多个因果解释,那么解释排斥原则就可以作为判决这些解释是否能共存的认识论规则发挥作用。这时,与之对应的形而上学规则自然是成立的,即:

> 因果排斥原则:除非处于系统过度决定情形,任何事件不能有多于一个的充分原因。[1]

参照对解释排斥原则的论述,这条原则的意思应该是很清楚了。但关于这条原则与解释排斥原则以及解释实在论三者之间的关系,还有必要做如下澄清。

首先,解释排斥原则本身并不蕴涵因果排斥原则,而只有当我们预设了解释实在论且解释关系是因果关系时,这种蕴涵关系才成立。金在权讨论过因果实在论和解释非实在论搭配的例子,虽然这不是个自然的立场,但在逻辑上是完全相容的(参见 Kim, 1993a: 237)。相应地,我们完全可以设想在特定因果理论(比如某种反事实因果理论)背景下,因果排斥失效,而解释排斥仍能发挥作用的情形。

其次,解释排斥原则本身也并不蕴涵解释实在论。金在权指出,我们也许不应该在解释实在论的基础上为解释排斥论证;而应该反过来,给出支持解释排斥的独立论证后,再论证解释实在论对于解释排斥是最自然的背景。(参见 Kim, 1993a: 259)换句话说,解释排斥的效果在解释实在论下发挥得最明显。但这并不意味着解释排斥就不能应用于解释非实在论的背景下,实际上马尔科姆的论证未必就假设了解释的实在论,而是采用了类似于亨佩尔的推导式解释,但解释排斥依然有效。

第四节 因果排斥论证的作用机制

一、因果排斥论证的构造形式

通过以上章节的介绍,我们实际上已经获得了建构排斥论证的全部"构

---

[1] 至于为什么不把解释过度决定表述为解释排斥的例外情形,见第四章。

件"——排斥论证的各个前提。这些前提大致可以分为两部分：一是对非还原物理主义立场的刻画，包括心灵属性的不可还原性、心物间的依赖关系和心灵属性具有因果效力这三个前提(参见第一章第二节介绍)；二是使排斥机制发挥作用的两条原则，即物理因果封闭原则和因果/解释排斥原则。当然，各个前提在排斥论证中所发挥的作用也和排斥论证的具体构造形式有关，比如：如果把排斥论证构造为二难推理(dilemma)的形式(参见 Kim，1998)，那么心物依赖(随附)就是论证中选言判断和假言判断中的主词。而如果把排斥论证构造为归谬论证的形式，那么依据不同的解读，我们可以把心灵属性具有因果效力看作归谬前提(参见 Block，2003)，通过论证得出心灵副现象论的结论；也可把心灵属性的不可还原性看作归谬前提(参见 Kim，2005)，通过论证得出物理还原论的结论。

由以上可知，排斥论证有不同的构造形式和随之而来的不同理解方式。在介绍排斥论证的作用机制之前，为了使读者了解本文所采纳的构造形式和论述的体例，有必要对以下两个问题加以说明。

第一，排斥论证与随附论证的关系。这两个论证，在很多金在权的批评者那里，是不加区分地互换使用的。金在权在早期构造论证时也没把它们区别开，它们实际上只是一个论证，只不过在有的文献中被称为"排斥论证"，而在有的文献中被称为"随附论证"。之后，他开始把随附论证看作排斥论证的一个特例，即随附论证是针对那些承诺了随附关系的非还原物理主义者的排斥论证(参见 Kim，2005：19)。最近，金在权区分开两个论证，他认为对非还原物理主义而言，排斥论证旨在说明从心灵到物理的因果作用是不可能的，而随附论证旨在说明，心灵间的因果作用是可能的，当且仅当从心灵到物理的因果作用是可能的[①]，两个论证合一起就证明了心灵因果作用的不可能(参见 Kim，2009：41)。尽管金在权认为其最新的这种观点是一个进展，它也许的确更加明晰，然而本文将采纳他中期对两个论证关系的看法，即排斥论证是随附论证的普遍形式。理由如下：首先，出于普遍性的考虑，这样处理能更好地体会大量排斥论证的批评者的意见，毕竟大多数作者心目中没有排斥论证与随附论证的明确区分；其次，出于论述简洁的要求，而不必在描述随附论证时再描述一遍排斥论证，在这种处理下，广义的随附论证自身就能得出心灵因果作用不可能的结论。我们所需注意的仅是，这两个论证不是同一的关系，而是普遍与特殊的关系。

[①] 当然，只有对于承诺了随附关系的非还原物理主义者，才能得到心灵因果作用完全不可能这个最终结论。

第二，本文对排斥论证作用机制的介绍将主要采纳归谬论证的形式。但在详述其作用机制之前，将略论将排斥论证构造为二难推理的问题。本文无意于详细介绍排斥论证构造形式演变的历史过程，本章也不准备具体处理对排斥论证的反驳，对这个问题讨论仅是为了突出这样的事实：对某些关键环节的批评促进了排除论证恰当构造形式的形成。

下面先来看将排斥论证构造为二难推理的问题，这种构造方式主要体现在金在权1998年的著作《物理世界中的心灵》中。在该书中，这个心灵因果问题中的二难困境是由心物随附导致的。金在权旨在证明的是，不论心物随附成立与否，心灵因果作用都是不可理解的(unintelligible)[①]。他的证明的基本形式是这样的：

(i) 随附或者成立，或者不成立。
(ii) 如果随附不成立，那么心灵因果作用是不可理解的。
(iii) 如果随附成立，那么心灵因果作用同样是不可理解的。
(iv) 因此，心灵因果作用是不可理解的。

不难看出，作为这个二难困境的两支，(ii)和(iii)都是需要独立论证的，而证明(iii)的过程就相当于接下来将要介绍的以归谬论证形式出现的排斥论证。在这里，我们主要讨论金在权对(ii)的证明，而对(iii)的证明将是下一小节的任务。我们看到，只要对(ii)和(iii)的证明中的一个不成立，整个二难推理就难以成立。不幸的是，进行到本节，我们可以指出，对(ii)的证明是有问题的，因此，以二难推理形式出现的排斥论证是有问题的。接下来，我们简单来看金在权对(ii)的证明过程，其各前提如下：

(1) 不可还原性：心灵属性不可还原为进而也不能不同一于物理属性。
(2) 心物随附不成立。
(3) 心灵具有因果效力：心灵属性的例示能导致其他(心灵和物理的)属性而被例示。
(4) 物理因果封闭原则：如果一个物理事件在时刻t有一个原因，

[①] 如何理解金在权所说的"不可理解"，或对其应做何解读，在金在权著作中似无明确文本依据。对此，克里斯普和沃福雷德的分析可供参考，他们认为：如果对其做认识论的解读，那么"不可理解"意味着我们没有办法领会(understand)心灵因果作用的过程；如果对其做形而上学的解读，那么"不可理解"应作"不相容"(incompatibility)解(参见 Crisp & Warfield, 2001：306)。

那么它在时刻 t 有一个充分物理原因。

单独就这个论证来看,金在权的动机是把心灵因果的命运和随附拴在一起。在这一点上,他赞同福多的说法:"如果心/身随附消失了,那么随之逝去的是心灵因果的可理解性。"(参见 Fodor, 1987: 42)但为什么一旦心物随附不成立,我们就没有可能理解心灵因果作用了呢？金在权的解释是,这将违背物理因果封闭原则,即如果我们坚持(1)—(3),必将与(4)相矛盾。下面我们先来看金在权的心物随附关系,再看否定它是否会造成以上结果。

> 心物随附:心灵属性在这种意义上随附于物理属性,即如果某物在时刻 t 例示了某一心灵属性 M,则必有一物理基础属性 P 以至于该物在 t 时刻也具有 P,并且任何东西在某一时刻具有 P 必然在该时刻具有 M。(Kim, 1998: 39)

而一旦心物随附失效,金在权认为"心灵领域就会不受拘束地漂移,不再牢系于物理领域,从心灵到物理的因果作用将明显违背物理因果封闭"(参见 Kim, 1998: 40)。心物随附在他看来其作用就是将心灵现象约束于物理的范围之内,使得"物理决定心灵,并且是在如下意义理解的:心灵不构成一个本体论上独立的领域,而从外部向物理领域注入因果影响"(参见 Kim, 1998: 41)。金在权的意思是很明显的:物理领域为心灵现象的出现提供了物理条件,并且至少是在法学上充分地使其出现,以至于心灵属性得以例示必是由于其物理基础(或之一)被例示。心灵现象没有助生基础,必然游离于物理之外。如果它能对物理领域发生因果作用,这必然违背物理因果封闭,并且这种因果作用是不可理解的。不难看出,金在权的这个论证是可以推广的,如果将论证中的随附关系替换为实现关系,结论仍然成立,这个论证实际上对于广义的心物依赖关系都是适用的。

以上为金在权对(ii)的证明过程,其主旨在于,随附失效将导致对因果封闭的违背。那他实现了自己的目标吗？笔者认为,这个论证存在很多含混的地方,并且是有问题的,先来看克里斯普和沃福雷德对这个论证的两点反驳(参见 Crisp & Warfield, 2001: 307)。

第一,这个论证并不能完全证明心灵因果是不可理解的。我们知道,心灵因果作用包括心灵之间和心物之间两类因果关系。以上论证即使成立,它至多证明了心物间因果作用的不可理解,并没有涉及心灵间的因果作用。实际上,在这个论证中,心物间因果作用的不可理解完全相容于心灵间因果作用的可理解性。①

第二，并非所有的随附失效的情形都会导致对物理因果封闭的违背。克里斯普和沃福雷德设想了这样一种随附失效的情形：心灵属性 M 的每一个例示都被某个物理属性的一个例示所伴随出现，但是 M 并不随附于任何物理属性，以至于任何一个对象例示了一个物理属性而不同时例示心灵属性在法则学上是可能的。参照前文金在权对随附的定义，这相当于拒斥了随附定义中的物理对心灵的充分性部分，而保留了物理作为心灵的必然基础的部分（参见 Crisp & Warfield, 2001：注 8）。我们注意到，在这种情形下，随附不再成立，但物理因果封闭却安然无恙。设想一个心灵事件导致一个物理事件，根据金在权的事件观，相当于这个心灵事件通过其所具有的心灵属性 M 使得某一物理属性 P* 得以例示。根据以上所设想的情形，这时物理属性 P 的一个例示必然伴随这个心灵事件出现。那么，我们完全可以设想 P 事件是 P* 事件的充分原因，此时，物理领域依然是因果封闭的，因为在追溯 P* 的原因时，我们并没有只诉诸心灵原因。因此，这表明至少在某些随附失效的情形下，心物之间的因果作用是可以理解的。②

那么，为了反驳克里斯普和沃福雷德的攻击，而引入因果排斥原则会怎样呢？笔者认为，这仍不能挽救对(ii)的论证。排斥原则说的是，除非处于真正的过度决定情形，否则一个事件不能有多于一个的充分原因。但为什么 P* 事件就不能被事件 M 和事件 P 过度决定呢？不难看出，真正妨碍事件 M 和事件 P 都作为事件 P* 的独立充分原因的因素正是它们间的随附关系。一旦 M 和 P 间的随附不成立，很难再有真正的理由支持事件 P* 不能被过度决定。即使在这种典型的属性二元论情形中，任何心灵因果都将是过度决定的情形。可能很多人会觉得这是个相当奇怪的现象，但这也不能构成对过度决定的真正反驳。在这里我们看到，只要事件 M 和事件 P 构成了对事件 P* 的真正过度决定情形，就能规避因果排斥，又不违背物理因果封闭。以过度决定情形可以成立为出发点，再返回去看克里斯普和沃福雷德设想的反例，我们似乎都不用再保留随附中的物理作为心灵的必然基础部分，只要求任何心

---

① 也许有人会反驳说，心灵间的因果作用蕴涵了心物间的因果作用，且后者是前者的基础。但那是在随附成立的基础上而言的（参见下一小节），而此时的前提是随附失效。仅证明心物间因果作用的不可理解不足以导出心灵间的因果作用不可理解。
② 争辩双方所讨论的随附类型，在这里都应该理解为"强随附"。这不仅是因为"强随附"是金在权在身心关系讨论中所一向预设的随附类型，更直接的考虑是：如理解为其他随附类型，克里斯普和沃福雷德的反驳有可能是无效的。在他们的反例中，即使我们不坚持物理作为心灵的必然基础，它仍可以是心灵事件出现的充分条件，这完全合乎"弱随附"的定义，其仅要求物理的不可分辨蕴涵心灵的不可分辨。克里斯普和沃福雷德所构想的反例仅仅是"强随附"不成立的情形。

灵因果过程都是过度决定情形,且物理事件必然出现在原因序列中就可以了。至于此时心灵属性与特定物理属性之间的相关或对应关系是什么,是这里从来不需要详细考虑的。

此外,还可以从另一个角度来考虑问题。我们在第一章已经看到(强)随附是物理主义定义的一部分,如果随附不成立,根据其定义的物理主义也不成立。换句话说,物理主义者的现实世界是随附成立的世界,如果随附不成立,这样的世界至少在法则学上是不可能的。对于一个在法则学上都不可能的世界,非还原物理主义者还有必要担忧里面的物理因果封闭是否违背吗?这是克里斯普和沃福雷德在其论文其他地方提到的一个思路(参见 Crisp & Warfield, 2001:314),在这里仍然适用。简而言之,非还原物理主义者其实根本就不用考虑随附不成立的情形,他们不必为一个物理主义在其中都不成立的世界担忧。这几乎是对金在权论证最直接的反驳,但这里面可能会涉及诸如"在法则学上不可能的世界是否是物理可能的"的复杂问题,我们将留待考察过度决定情形时再加讨论。

即使不考虑最后这一点,克里斯普和沃福雷德的其他反驳已经足以表明,金在权对(ii)的论证是失败的。当然,若能指出对(iii)的论证也不成立,那么排斥论证的失败就是被过度决定的了。但对于(iii)的论证和反驳的过程,没有(ii)那样直接。我们看到,对(iii)的论证,其实就是采用了归谬论证形式的排斥论证,对其进行介绍将是下一小节的任务。

二、因果排斥论证的论证步骤

本文所讨论的排斥论证,将主要以归谬论证的形式出现。这相当于上一小节中对(iii)的论证,即:在随附成立的情形下,心灵因果作用是否是可以理解的。当然,至于该论证是对心灵具有因果效力的归谬,还是对于非还原的归谬,不同作者可根据自己的立场或需要采取不同的理解。这个归谬论证当然有不同的完成方式,对此,本文将主要依据金在权在《差强人意的物理主义》中的论述。其中,排斥论证将由两个阶段或部分构成:第一阶段将论证心灵间的因果作用蕴涵了心物间的因果作用;第二阶段将论证心物间的因果作用是难以成立的,或它将被物理间的因果作用所排斥。下面,让我们看论证的过程。

阶段一

首先,我们将假设心灵间因果作用存在的情形,如果假设 M 和 M* 为心灵属性,那么:

(1) M 因致了 M*。[①]

同时,由于预设了心物随附,任何心灵属性必然有一个物理的随附基础。那么对于被导致的心灵属性 M*,则有:

(2) 必然有这样一个物理属性 P*,它是 M* 的随附基础。

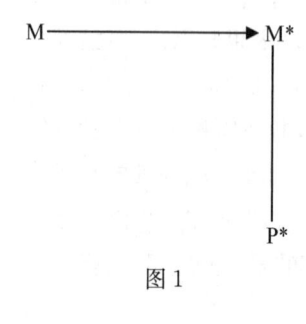

此时,我们所得到的心灵因果情形如图 1 所示(⟶表示因果关系,|表示随附关系)。如果我们关注的问题是"为什么 M* 在这个场合下被例示",那么(1)和(2)可以看作对这一问题的两种解释:或是由于 M 因致其被例示,或是由于 P* 使其伴随出现。金在权认为这是一对具有排斥性的解释,我们可以看到,即使 M 不发生,M* 也会出现,只要其随附基础 P* 存在。如果我们相信所谓的"层级世界观",那么物理存在于比心灵低的层级,它们之间的关系可以看作是纵向的,随附关系就可以看作物理决定心灵的"纵向"关系。同样,心灵都存在于同一层级,它们之间就存在着"横向"的因果关系。在这里,金在权试图向我们展示,有一个"张力"存在于以上情形中,即纵向决定和横向因果间的冲突关系。这时,金在权心中想到的无疑是前文所说的"爱德华兹信条",即纵向决定和横向因果间存在着张力,并且纵向决定排斥了横向因果。那么,接下来的情形应该是这样的:既然 P* 保证了 M* 的必然出现,仅 P* 就足以完全说明 M* 出现这一事件,那么 M 对 M* 的因果作用似乎是多余的,且是可以被排斥掉的。

注意,此处所谓"排斥"和"因果/解释排斥原则"中的"排斥"是不同的:后者是指因果关系或因果解释间的排斥,而此处是同层因果关系和层级间决定关系的冲突。金在权似乎不认为这个阶段的排斥情形是不可消除的,或者他不想把心灵因果作用那么早就拒斥掉。因为他相信,如果 M 的出现和 P 的出现处于某种特定的关系或形势中,是可以保住 M 的因果角色的。金在权认为这将导向对这个张力的一个简单而自然的消解办法,即:

(3) M 对 M* 的因致,是通过因致其随附基础 P* 来实现的。

[①] 严格的说法是:M 的一个例示导致了 M* 在该场合下被例示,或一个 M 例示导致了一个 M* 例示的发生。

至此，我们完成了第一阶段的证明，如图 2 所示：在心物随附给定的情形下，心灵间的因果作用蕴涵了心灵到物理的因果作用，或推广言之，"同层因果"（same-level causation）蕴涵了"下向因果"（downward causation）。

此外，就心物随附给因果作用所造成的影响来看，金在权认为这个论证显示了如下之点：只要承诺了随附关系，因果关系就不再会只局限于一个层级。比如预设了心物随附，因果关系就不会只拘于心灵领域之内，而必将进入物理领域。以后我们将看到，正是这一点造成了其与物理因果封闭间的张力，为后一阶段的排斥埋下伏笔。金在权将其总结为：层级内的因果自主（level-bound causal autonomy）是不相容于层级间的随附或依赖关系的（参见 Kim, 2005：40）。

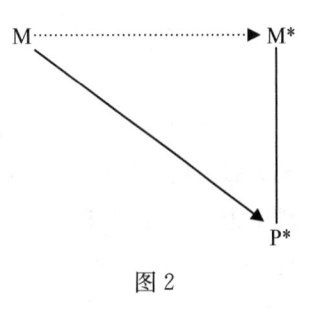

图 2

最后，值得注意的是，在以上述形式构造的排斥论证第一阶段中，金在权并没有诉诸因果排斥原则和因果封闭原则，论证极大地依赖于所谓爱德华兹式的张力。可以想象，非还原物理主义者未必会觉得这一阶段存在什么张力。像布洛克、克里斯普和沃福雷德等非还原物理主义者，也许出于直觉就相信因果关系可以并行不悖地分别存在于不同层级中。对此，金在权认为，对于那些看不到其中张力的人，也许可以把（3）作为一个有说服力的原则直接接受下来，或认为（3）是独立可信的（参见 Kim, 1998：43；Kim, 2005：20）。因为其说服力是显而易见的：要因致一个随附属性被例示，必须因致其随附基础属性（或基础属性之一）被例示。例如要缓解头痛，你服用阿司匹林，就相当于因果地干涉了头痛随附于其上的脑状态。总之，只要（3）是令人信服的，不论它是一个论证结果或是一条直接原则，我们都将进入下一阶段的论证。阶段二的目标是要探讨：在给定心物随附的情形下，心灵到物理的因果作用何以可能。这是排斥论证最核心的部分，它将决定心灵因果作用的命运。

阶段二

在这一阶段里，金在权设想了两种不同的完成论证的方式。它们的差别主要在于是否把 M 随附于其基础属性 P 作为一个前提。相应地，两种方式各自突出的问题会有所不同。当然，它们最后的结论是近似的。下面，我们分别具体来看其论证过程：

完成方式 1

这种完成方式近于金在权在先前《物理世界中的心灵》中所构造的论证，其出发点是心灵原因也有其随附基础，即：

57

(4) M 必然有一个物理的随附基础,不妨称之为 P。

由于金在权所默认的随附类型为强随附,P 对于 M 的发生是法则学上充分必要的。同时,(3)琐屑地蕴涵了 M 是 P* 的原因。那么,我们有充足的理由把 P 看作 P* 的原因。其理由如下:如果我们采用法则学充分的因果理论,由于 M 对于 P* 是法则学充分的,而 P 对于 M 是法则学充分的,那么 P 对于 P* 也是法则学充分的,因此 P 可以作为 P* 的原因;如果我们采用反事实依赖的因果理论,如果 P 不发生 M 也不会发生,因为 P 对于 M 的发生是法则学必要的,同时如果 M 不发生 P* 也不会发生,那么如果 P 不发生 P* 也不会发生,因此 P 是 P* 的原因。这时,我们可以得到:

(5) M 因致了 P*,并且 P 因致了 P*。

同时由于预设了心灵的物理不可还原性,我们得到:

(6) M≠P。[①]

这时,我们似乎遇到了冗余因致(redundant causation)的情形。M 和 P 作为 P* 的两个不同原因,它们是处于相安并存的过度决定情形,还是造成了因果竞争,最终是否有可能规避因果排斥,都有待我们接下来的考察。

首先,我们不能把 M 设想为从 P 到 P* 的因果链的因果中间环节。金在权认为这有以下几点理由:① 随附属性 M 和其随附基础 P 之间是共时性的随附关系,而因果关系中原因和结果是先行后续的关系;② 如果 P 和 M 间有因果关系,那么我们无法融贯地设想它们之间存在有中间环节的因果链;③ M 作为非物理的因果中间环节,同时又是 P* 的原因,将违背物理领域的因果封闭;④ 此外,接下来的论证就将表明,在封闭原则和排斥原则的联合作用下,非物理的 M 不能作为 P* 的原因(参见 Kim,1998:44;Kim,2005:42)。

其次,M 和 P 联合构成 P* 的单一充分原因的想法也是行不通的。其理由如下:① 如果 M 和 P 各自对于 P* 而言都是因果充分的,那么难以设想 M 和 P 合起来能比 M 和 P 各自对 P* 施加的因果力更多;② 金在权认为联合因致的策略行得通,仅当 M 是因致 P* 的过程的必要成分。但这又将违背物理因果封闭,因为在追溯对 P* 的完全因果解释时,除 P* 之外,我们将不得不

[①] 金在权强调这里仅指属性例示的不同一。

诉诸非物理的原因 M。此外，笔者认为，理由②中的策略即使可行，也将面临难以界定的问题：如何理解"M 是因致 P* 的过程的必要成分"呢？一个自然的策略是通过"因果力"来界定其中"必要成分"的意思。但是又不能理解为"M 的因果力是 P 的因果力的真子集"，那样的话，M 将不是 P* 的充分原因，与前提(5)相矛盾。但不用"因果力"的策略，又难以设想如何明确界定"必要成分"的意思。

再次，也不能把 M 和 P 设想为 P* 的两个充分过度决定原因。这是一个相对复杂的问题：单从表面看，这个策略就有着令人难以信服的结论，即每一个心灵因果作用都将成为过度决定的情形。而以深层看，金在权认为这个策略将导致对物理因果封闭的违背，其理由是：我们可以设想这样一个可能世界 W，除了物理原因不发生在其中外，其他各方面都尽可能地类似于我们的世界。而在其中，心灵原因仍能导致物理事件，并且物理事件将只有心灵原因，这将违背物理领域的因果封闭。

但金在权的批评者逐渐使他认识到，以上这一点并不是拒斥过度决定情形的正确理由，其关键在于未能将随附纳入对可能世界的设想中。布洛克就曾质疑，在这样的可能世界中，M 的随附基础 P 不发生，M 是否还能发生（参见 Block，2003：136）。克里斯普和沃福雷德的批评就更加具体了，他们指出，随附在那个可能世界 W 或者成立或者不成立，但只要随附成立，就不可能让没有随附基础的 M 单独出现。即使 P 不发生，随附必然保证 M 有另一个随附基础出现，比如 P′。① 由于此时 M 随附于 P′且 M 对 P* 因果充分，因此 P′仍然对于 P* 是因果充分的。这仍然是类似于 P 发生的情形。如果随附在 W 中不成立，情形正如金在权所述，将违背物理因果封闭。但同时，根据金在权的说法，随附不成立的世界至少是在法则学上不成立的世界，那么非还原物理主义者又何必为这样一个在法则学上不成立的世界中的情形担忧呢？（参见 Crisp & Warfield，2001：314）

在《差强人意的物理主义》中，金在权在很大程度上已接受了以上批评。他补充布洛克的批评，认为随附并没有使得在一个非 P 世界中的 M 不可能发生，而是随附使得这样的世界中的 M 必有另一个随附基础。他赞同克里斯普和沃福雷德的前一半的批评，即只要随附成立，在任何世界中 M 都不能独立于其物理基础而导致 P*。只要 M 宣称是 P* 的原因，必有某个物理基础会要求至少平等的因果地位。继而，最重要的是由于 M 和 P 之间随附的存在，使得 M 和 P 之于 P* 的情形不可能是真正的过度决定情形。我们知

---

① 这显然预设了心灵属性 M 具有多重可实现性。

道,无论是在两颗分别足以致命的子弹击中人体,还是在短路和电荷过载同时造成火灾的过度决定的经典例子中,两个原因各自都扮演了不同且独特的(distinct and distinctive)因果角色。而随附由于其暗含或暗示了其深层存在的依赖关系,打破了两个原因间地位的平衡,使其不能成为真正的过度决定的情形。但另一方面,金在权并不承认,在随附不成立的世界中,物理因果封闭也因此失去重要性。他认为,虽然 W 是一个法则学不可能的世界,但随附不成立并不是由于我们世界的物理法则在 W 中失效,而是由于我们世界的心物法则在 W 中失效。因此 W 仍然可能是物理可能的世界,这意味着过度决定的情形在这个世界中仍会因违背物理封闭而遭拒斥。至此,我们最终得到了:

(7) P* 不是被 M 和 P 因果地过度决定的。

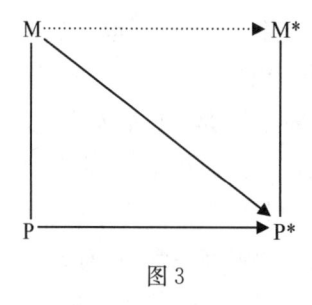

这时,我们不妨回顾上一节讨论过的因果排斥原则,即除非处于系统过度决定情形,任何事件不能有多于一个的充分原因。如图 3 所示,前提(5)、(6)和(7)使我们看到,运用这条原则的时机似乎已经到来:M 和 P 皆宣称是 P* 的两个不同的充分原因,且这不是一个因果过度决定的情形。那么根据因果排斥原则,P* 只能保留一个充分原因,那么其中的一个原因,M 或 P,必须被排斥掉。注意,在这里因果排斥原则对于心物因果竞争是中立的,它只说其中一个原因必须被排斥掉,至于这个原因究竟是心灵的还是物理的,并不属于其断言范围。这也意味着,仅靠因果排斥原则还无法完成排斥的全过程,我们还必须诉诸物理因果封闭,正是后者决定了其中一方应该被排斥。我们来看其过程:如果我们假设 M 作为 P* 的原因最终胜出,而 P 遭排斥。那么,物理因果封闭原则必然要求我们为 P* 寻找一个新的物理原因,比如 P$_1$。但此时根据因果排斥原则,我们又不得不在 M 和 P$_1$ 中进行抉择。如果 M 再度胜出,我们将不得不面对一轮新的抉择,比如 M 和 P$_2$……不难看出,只有我们选择 P 而排斥 M,才能摆脱以上无尽的因果抉择。因此,正是因果排斥原则和物理因果封闭的交替使用使我们得到了最终的结果(如图 4 所示):

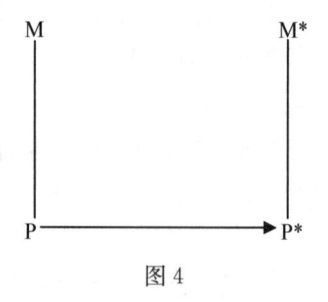

图 3

图 4

(8) 所谓的心灵原因 M，将被物理原因 P 所排斥。即，是 P 而非 M，是 P* 的原因。

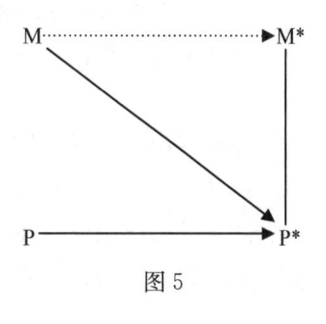

完成方式 2

与上一种完成方式不同，这种方式不把 M 和其物理基础间的随附关系作为前提和出发点，相应地，我们就不用考察 M 的随附基础是不是 P* 的原因。于是，直接承接阶段一的结论，即 M 因致 M* 是通过因致其随附基础 P* 来完成的，可得：

(4) M 是 P* 的原因。

根据物理因果封闭，P* 如果在时刻 t 有原因，那它必然在该时刻有一充分物理原因，不妨称之为 P，则：

(5) P* 在其心灵原因 M 发生的时刻 t，还有一物理原因 P。

同时由于预设了心灵的物理不可还原性，可得：

(6) M≠P。

这时，我们又遇到了金在权所谓的形而上学的张力：M 和 P 都宣称是 P* 的充分原因。关于两个原因间的可能情形，与我们在完成方式 1 中所做考察的结论相似：M 不能作为 P 因致 P* 的中间环节，M 和 P 也不能联合构成 P* 的单一充分原因，且 M 和 P 也不是 P* 的两个过度决定原因。因此：

(7) P* 不是被 M 和 P 因果地过度决定的。

这时，我们又遇到了因果竞争的情形，M 和 P 都宣称自己是 P* 的原因。类似于完成方式 1 中对应步骤的情形，由因果排斥和因果封闭的交替使用，我们不难得出结论：

(8) 所谓的心灵原因 M，将被物理原因 P 所排斥。即，是 P 而非 M，是 P* 的原因。

图 5

```
M              M*
│              ▲
│              │
│              │
│              │
P ─────────▶ P*
   图 6
```

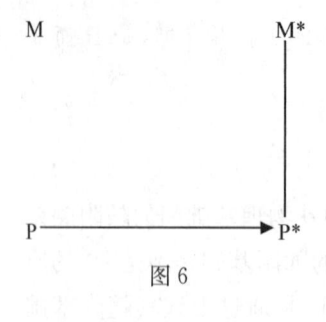

完成方式 2 的最终情形如图 6 所示,其与方式 1 图景的最大区别就是它不要求 P 一定是 M 的随附基础,这使得 M 的随附基础不一定就是 P* 的原因,尽管很有可能这个随附基础和 P 是重合的。金在权认为,这两种完成方式的主要不同在于,它们分别突出了心灵因果排斥问题的不同方面:方式 1 在某种程度上更加直观,更能把握爱德华兹信条的基本洞见,尤其是凸显了上层因致如何让位于底层因致的过程;而方式 2 则更凸显了所谓"下向因果"所造成的困难,即下向因果通常会遭到因果排斥和底层因果封闭的联合拒斥(参见 Kim,2005:44)。但二者所得出的教训是一致的:只有底层的物理因果过程是心灵因果中真正的因果关系。

第五节　论证的结论和功能还原方案

以上一节是对排斥论证具体论证步骤的介绍。简单说来,排斥论证旨在说明,以下六个命题难以组成一个融贯的命题集:

(1) 不可还原性:心灵属性不可还原为进而也不能不同一于物理属性。

(2) 随附关系:心灵属性随附于物理属性。

(3) 因果效力:心灵属性的例示能导致其他(心灵和物理的)属性被例示。

(4) 因果封闭原则:如果一个物理事件在时刻 t 有一个原因,那么它在时刻 t 有一个充分物理原因。

(5) 非过度决定论:心灵原因的结果不处于被过度决定的情形中。

(6) 因果排斥:除非处于系统过度决定情形,任何事件不能有多于一个的充分原因。

不难看出,对于信服于排斥论证结论的读者,为了这个命题集的融贯,必须拒斥其中至少一个命题。或者,联系上文,把排斥论证看作对于上述六个命题之一的归谬论证,其最终结论就是其中一个命题将不成立。当然,对于究竟拒斥哪一个命题还要取决于具体解读者的立场。根据第一章第二节我们知道,(1)—(3)勾勒了一个最低限度的非还原物理主义立场。根据金在权的看法,随附是最低限度的物理主义的标志,而他所承诺的因果实在论的立场必然要求心灵属性具有因果效力,因此,他不会反对(2)和(3)。对于物理因果封闭,金在权认为这是任何严肃的物理主义者都应该承诺的,因此,他同样不会拒斥(4)。在他看来,只有持有某种突现论(emergentism)的立场才会拒斥物理因果封闭。至于(6),它是金在权所坚持的基本原则,也是排斥思路的核心所在,那是他必然会坚持的。而根据上一小节,心物随附的存在,使得心灵原因的结果不会处于真正的过度决定情形中。这不但断言了(5)的成立,还排除了(6)中的例外情形——过度决定——的可能性。这意味着,就金在权的立场而言,他唯一可能放弃的是(1),即采用某种类型的还原论。相应地,在他看来,对于怀有非还原论理想的物理主义者而言,排斥论证的教训,将迫使他们在还原论和心灵属性的副现象论中做出抉择。

由以上可以看出,金在权对排斥问题的解决当然是要诉诸某种形式的物理主义还原论。该方案的实质其实是,因果属性的因果力源自随附于其上物理基础的因果力。这个关于因果力继承和还原的策略,实际上早已暗含在金在权对多重可实现性的应对中,这在前面第一章第三节已有过介绍,下面我们具体来看这个问题。我们说金在权对排斥问题的解决源自他对"实现"概念的特定理解,但这并不意味着,我们可以寄希望于某种独特的或新的"实现"概念来规避排斥。原因很简单,实现本身并不是唯一可以引发排斥问题的心身关系(显然还有随附关系),更实质地,这些关系深层的依赖关系是产生排斥问题的主要原因(参见 Kim, 2010:268)。在这里由"实现"入手,仅是因为金在权是通过"实现"来阐述其因果力的机制的。通过第一章的介绍,我们知道,"实现"最先被用来刻画抽象系统和执行它的具体对象间的关系,现在则多被看作两组属性间的一种依赖关系。对"实现"的谈论,一般都是在功能主义的语境中展开的,功能属性通常是被扮演特定因果角色并有特定结构的物理实现者所实现。因每种功能通常有各式各样的实现方式和实现者,我们把这种现象称为"多重可实现"。

我们在前面看到,金在权对"多重可实现"有着独特的理解。在他看来,之所以是"多重"而不是"单一",归根结底是因为因果力的不同。换言之,他实际上是把因果力作为属性个体化的依据,相同属性有着相同或近似的因果力。以"疼"为例,按金在权的理解,"多重可实现"意味着"疼"可以实现在火星人、人类和爬行动物等不同的物理结构中,而这实际上说的是有"火星人的疼""人类的疼"和"爬行动物的疼"等各种因其实现者差异而来的不同的"疼"。而从根本上说,这是由于功能属性的因果力源自其物理属性的因果力,即他著名的因果继承原则:如果心灵属性 M 在 t 时由物理实现基础 P 实现在一个系统中,那么 M 例示的因果力等同于 P 例示的因果力。

此时,我们可以想象,如果 M 的因果力就是 P 的因果力的话,那么就不会有因果竞争,更不会有因果排斥的情形了。实际上,金在权也正是沿着这条思路前进的,他认为这样的实现指向一种特殊的还原模式——功能还原。金在权一直认为,实现与众多表达依赖的关系的不同,它超越诸如具有"物理相关物"(physical correlates)、"神经基础"(neutral substrates)或"物理随附基础"(physical supervenience bases)等观念之处在于:这些关系往往指示着,功能属性的例示是基础属性的例示之外的一个额外的事实,进而这些关系不能解释为什么功能属性相关于、产生于或随附于特定的物理属性。而就实现关系而言,因为因果角色或工作描述(job descriptions)本身就是内在于功能属性的定义之中,所以实现中还暗含了这样一种解释关系,即对于特定系统而言,具有功能属性就在于(consist in)具有或成为其实现者。我们看到,这距"没有之上或之外的东西"(nothing over and above)的还原论信条只有一步之遥了。①

由第一章可知,功能属性(比如这里的心灵属性 M)和其具体实现者(比如在物种 1 中是 P_1,或在物种 2 中是 P_2)是功能同一的,它们具有相同的因果力,我们可以说 M 被功能还原于 P_1,P_2 亦然。正是在功能还原的意义上,使 M=P 从而消解了排斥问题。但这不是内格尔式的理论还原以及由此而来的同一。内格尔式还原是要通过桥接法则把目标理论中的法则改写为基础理论中的法则。在心灵理论中,内格尔式还原主要表现为通过以充要条件式(biconditionals)形式出现的桥接法则,把心灵属性还原为与法则学共外延的物理属性。② 不难看出,这样的还原理论如果可行,必然暗示了类型论物理主义的成立。金在权显然是反对这样的还原的,略述其三个主要考虑如下:首先是可行性问题(the availability question),多重可实现论证实际上已

---

① 这里可能会涉及一个复杂而有争议的问题:是否某种形式的"随附"也能达到和"实现"关系一样的效果,即保障或蕴涵了心物的可还原性。笼统地说,随附不足以表达一个完整的身心关系理论(参见 Kim, 1998: 9-15);进而,随附因果(supervenient causation)难以作为排斥问题的解决方案(参见 Kim, 1993a: 92-108 & 358-362);甚至,我们从随附可以构造排斥论证中就可看出,随附自身甚至就是心灵因果问题的来源。但在以上讨论中,有一个问题实际上是被置之一旁略去不论了,即强随附是否蕴涵了心物还原的可能。金在权一方面认为关于这个问题的讨论还没有定论,另一方面认为其中涉及的还原概念是有缺陷的,他应该是倾向于认为强随附蕴涵了可还原性(参见 Kim, 1998: 13)。但金在权一般还是认为随附仅是对身心问题的描述而非其解决,只是指示了深层的依赖关系。与随附相比,实现蕴涵了前者,且形式较为单一,又暗含了解释关系,更适于由此阐述其因果力的理论。

② 其实内格尔仅要求桥接法则使得理论间的推介(derivation)成立就行,但心灵哲学的主要阐述者如福多等人都预设了以充要条件式出现的桥接法则,及与之相关的属性间的法则学共外延。

宣告了其难以成立。其次是解释性问题(the explanatory question)，桥接法则实际上作为未经解释的辅助前提，不但不能解释为什么存在着相关的心物属性，其自身还有待解释。最后是本体论问题(the ontological question)，承接上一个问题，为了规避桥接法则的解释问题，可以把它看作基础理论的一部分，但这无疑将极大地扩充基础理论的本体论和语言。此外，如果我们将局部还原的思路引入内格尔还原，也会引起本体论的极大扩充(参见 Kim, 1998：90-97)。

金在权认为，功能还原能克服以上问题，是恰当的心物还原模型。不难看出，功能还原本来就是源于多重可实现现象，且实现本身就保证了解释关系的存在，多样可实现不援引辅助法则又不会引起本体论的膨胀。需要注意的是，功能还原要求处于被还原位置上的属性是外在的关系属性(extrinsic and relational properties)或相对于其实现者的二阶属性(second order properties)，这就要求在还原前先对被还原属性进行功能化(functionalize)。对心灵属性进行功能化，就是通过其与输入、输出以及与其他属性的因果/法则学关系来刻画它，简言之，通过其因果角色对心灵属性进行功能定义。之后，在功能化的基础上根据相同的因果角色确定其实现者。最后，再构造一个解释理论阐述实现何以可能。关于功能还原的程序，在这里就不再赘述。我们看到，这样的还原如果成立，将呈现出双重地相对化特征(doubly relative)：首先，从前面的论述可以看出，相应于多重可实现，这是一种局限于物种和结构的局部还原；其次，相应于功能化定义，被还原属性必然是非严格的(nonrigid)。因为一个属性要满足依据其因果角色而来的功能定义，这一事实是偶然的，这意味着实现关系在不同的世界间有可能改变。从而，还原仅成立于相对于所参照的世界而言的法则学上可能的世界。从这个角度来说，功能还原是形而上学偶然，但法则学必然的。关于由这种还原而来的立场，金在权早期根据其中心灵种类析取地同一(disjunctively identified with)于实现它的物理种类[①]，将其称为"多重类型物理主义"(multiple-type physicalism)(参见 Kim, 1993a：364)；其后，根据这个其立场相当于物理主义和心灵属性功能主义的合取，又称之为"物理实现主义"(physical realizationalism)；近来，又侧重其通过功能还原确保心灵的因果效力一面，将其称为"有条件的物理还原主义"(conditional physical reductionism)。在功能主义的大背景下看，虽然金在权多次提及功能化的心灵属性是相对于其实现

[①] 注意，不是同一于物理属性的析取，也不是同一于某个析取的物理属性。这在第一章第三节有过说明。

者的二阶关系属性,但他的立场其实更接近于"实现者功能主义"(realizer functionalism),而不同于"角色功能主义"(role functionalism)。前者相当于功能主义中的还原论变体,认为心灵属性同一于任何占有其因果角色的物理实现者;而后者相当于功能主义中的非还原论变体,仅认为心灵属性仅同一于那个因果角色本身,但不同于它的物理实现者。

此时,功能还原似乎已完成了消除排斥问题的任务:作为二阶属性的功能属性,已功能同一于作为其实现者的物理属性,并继承着后者的因果力,二者之间似乎已没有因果竞争的情形。然而,我们注意到,实现以上情形的前提是所有心灵属性都可以被功能化,果真如此吗?金在权一般将心灵属性分为两类,即认知的/意向性的心灵属性(cognitive/intentional mental properties)和意识的感受性属性(qualitative properties of consciousness)。后者有时也被他称作心灵状态的现象学特征(phenomenal character of mental states),即感受性质,这在金在权看来是无法功能化的。我们知道,这种对心灵属性的类似划分,以及由之而来的感受性质拒斥还原等关于意识的问题,在心灵哲学中由来已久,且持续处于争论中。从内格尔的"成为一只蝙蝠可能是什么样子"(what it is like to be a bat)的问题(参见 Nagel,1974),莱文(Joseph Levine)的"解释的鸿沟"(explanatory gap)困境(参见 Levine,1983),布洛克对可达意识(access consciousness)和现象意识(phenomenal consciousness)的划分(参见 Block,1995),再到查尔默斯的意识的"困难问题"(hard problem)(参见 Chalmers,1996),卷帙浩繁的论证都已指出,感受性质,或是由于其第一人称的视角或是由于其内在性特征,无法被还原或被我们还原式的理解所把握。尽管金在权未必信服所有这些论证,但是感受性质的认识论困境、感受性质与意向性直觉上的显著差异,尤其是色谱颠倒(spectrum inversion)论证,使他觉得功能主义考察无法把握感受性质。(参见 Kim,1998:102)根据色谱颠倒论证,即使一个人眼中对绿色光谱和红色光谱的感觉完全对调,功能主义也无法捕捉到其间感受性质的变化;即使我们不使用"实现"的功能主义话语而改用"随附"来刻画,情形也不会好转,因为它意味着感受性质并不随附于身体行为。

但金在权也不像科林·麦金(Colin McGinn)式的感受性质虚无论者(qualia nihilism)那样,进而认为感受性质不可理解,他认为感受性质有内在性的层面而使其无法功能化,因而是心灵的残余物(mental residue),但我们应该尽量把其压缩到一个相对小的范围内。他认为我们通常的知觉概念如"疼"和"痒"等,除了其感受性质和知觉的层面,还有其动机(motivational)和行为的层面,后者是可以被功能化的。具体言之,感受性质的内在性方面也许是不可测知(detectable)的,但是在单个个体内,感受性质间的相同和差异是可测知的,这些感受性质的关系和认知的层面是可以功能化的。用他的话说:"要紧的不是被辨别的性质,而是辨别本身。"(Discrimination is what matters; qualities discriminated do not.)(参见 Kim,2005:172)我们只能接受这样的事实:感受性质的内在性方面不能被功能化——因而是不能被还原的,进而只能是因果无能的副现象。金在权认为,尽管如此,我们还是保住了心灵属性中意向性,甚至感受性质中认知层面的因果力,尤其是,这一部分内在的现象性质是关乎人类能动性(human agency)的,因此,这还是一种可以接受的心灵理论方案。进而,就他的整个立场而言,这是一种略带瑕疵、未能完全如愿,但也差不了多少的物理主义(physicalism manqué but not by much)。但他相信,我们已经得到了"尽可能多"的物理主义,也许就没有一个可以替代这个立场的全面世界观。因此,物理主义虽然不是全部真理,但已足够接近真理,并且足够接近真理也应该是足够好的立场了(参见 Kim,2005:174)。

最后,再回过头来看功能还原方案作为排斥论证的应对所达到的效果。我们看到,根据金在权的立场,通过功能还原,心灵属性的意向性部分的因果效力得以确保。而他根据感受性质间的异同来构造功能还原的方案具有高度的尝试性,连他自己也不甚确定,感受性质的副现象论是否能相容于感受性质异同所具有的完全因果力(参见 Kim,2005:174)。也许最根本的问题是,根据他的因果实在论立场,处于因果链之外或物理领域之外的感受性质,如何能被我们所知,甚至还能对其异同做出论断?因此,金在权的功能还原方案没有完成彻底消解排斥问题的任务,毋宁说,它为排斥问题的解决留下了一个带有开放性的空间。

第三章 应对因果排斥论证的因果理论策略

第一节 非还原物理主义的出路

在前一章中,我们介绍了因果排斥问题的基本思路和排斥论证的具体作用机制,并且看到了排斥论证给心灵因果作用带来的严重挑战。在这一章里,我们将主要讨论对排斥论证的应对策略。总的来说,对排斥论证的应对不同于处理其他绝大多数心灵因果问题的地方在于,我们不必直接去捍卫心灵本身的因果效力。例如,我们不用去构造一种特定的心灵属性理论,使该属性具有能够导致其他事物的因果力(或因果潜能)。而是要给心灵属性一种可以发挥其因果作用的机制,换言之,为心灵属性本身所具有的因果力找到一条出路。这主要是因为,排斥论证并没有对心灵的本质特性预设特定的要求。它与异常一元论不同,后者的心灵因果问题正是源自戴维森对心灵具有异常性本质的设定,关于这一点笔者在第二章第一节中已有过讨论。排斥论证中所带来的心灵因果问题,毋宁说,主要是源于心灵作用于其中的机制或框架。如果我们把非还原物理主义看作排斥论证的攻击目标的话,这就意味着,心灵因果问题将主要来自非还原物理主义的理论框架。当然,处于目标理论框架外的因果排斥原则也是排斥论证发挥作用的关键。

关于非还原物理主义的基本理论概貌,笔者在第一章已有过介绍,在这里就不再赘述。下面我们将具体来看非还原物理主义在应对排斥论证时所面临的形势及其可能的应对思路。

第一,从排斥论证的构造形式出发的应对思路。为了讨论的方便,我们将给出排斥论证的一个简单构造(参见第二章第五节),即排斥论证可被看作旨在说明以下六个命题难以构成一个融贯的命题集[①]:

[①] 需要注意的是,在这里所给出的排斥论证的简单构造,仅是为了使读者明了非还(转下页)

(1) 不可还原性：心灵属性不可还原为，进而也不能同一于物理属性。

(2) 随附关系：心灵属性随附于物理属性。

(3) 因果效力：心灵属性的例示能导致其它（心灵和物理的）属性被例示。

(4) 因果封闭原则：如果一个物理事件在时刻 t 有一个原因，那么它在时刻 t 有一个充分物理原因。

(5) 非过度决定论：心灵原因的结果不处于被过度决定的情形之中。

(6) 因果排斥：除非处于系统过度决定情形，任何事件不能有多于一个的充分原因。

一般而言，为了应对排斥论证，不同的评论者可以根据自己的立场，来反对(1)—(6)中至少一个命题，以恢复整个命题集的融贯。对于类型还原论者来说，最简单的策略就是直接拒斥(1)，尽管他们将可能面临如何应对多重可实现性等诸多问题。看上去金在权是沿着这条道路前进的，但通过之前的讨论我们看到，他自己的具体应对策略是对(1)的部分拒斥与对(3)的部分拒斥的合取，即认为意向属性是可以还原，进而是具有因果效力的，而意识的感受性质则不能被还原，因而缺乏因果效力（参见第二章第五节）。拒斥(2)基本上不会是物理主义者的选项，因为"随附"一般被认为是物理主义立场的关键特征。如果选择拒斥(3)，就类似于接受赫胥黎式的心灵副现象论观点。从金在权的立场来看，这无异于宣称心灵的非实在论。拒斥(4)在当代哲学家看来也不是个很有说服力的选项，因为这可能会与我们当今的物理学中的基本共识相违背。比如，早期的英国突现主义者，他们承认(1)、(2)、(3)。但与此同时，他们又坚持"下向因果作用"，这意味着可能会违背(4)。只要我们承认这是一种融贯的立场的话，排斥论证就不会触及它。此外，我们在前面也讨论过，采用不同强度的封闭原则会影响因果排斥的实际进程（参见第二章第二节）。

对于非还原物理主义者来说，他们的选项似乎并不多。不难看出，(1)—

(接上页)原物理主义所面对的形势。并且，就这个目的而言，这样的简单构造是足够的。但以下对排斥论证的具体应对策略，将主要依据一些更加"精致的"(sophisticated)构造版本（比如第二章第四节中的版本）。最后需要指出的是，我们对排斥论证的应对策略，对于不同的排斥论证构造版本而言，效果会显得非常不同。进而，有可能出现以下情形：特定策略有可能仅对于处理特定版本的排斥论证是有效的；或由于所依据的版本不同，很多作者之间的争论只是语词或术语之争，这些是很多排斥论证的评论者容易忽视的。

(3)勾勒了非还原物理主义的基本立场,或我们在前面所说的"最低限度的非还原物理主义纲要",而(4)是蕴涵在物理主义的基本立场之中的。因此,如果单从排斥论证的构造形式来看,非还原物理主义者最恰当的策略是反对(5)或(6),即对非过度决定论或因果排斥原则的拒斥。由于(5)自身可以看作(6)得以发挥作用的前提,因此,最根本的还是要反对(6)。这是应对排斥论证最为直观的一种思路,在后面的讨论中我们将看到,这是众多策略背后的根本动机。

第二,从排斥论证的本体论层面入手的应对思路。其中,又大致可以区分出非还原物理主义者反对排斥论证的两类思路:第一类,也是较为早先的潮流,即认为我们对排斥论证做了错误的本体论式的解读。例如,其中最为常见的一种指责认为,论证中使用的形而上学的因果概念是成问题的,我们实际上应该诉诸解释概念和解释实践来看待排斥问题。心理解释通常独立于物理解释,也不会被后者所排斥。这种思路主要体现在贝克和伯奇在20世纪90年代对排斥论证的反驳中(参见 Baker, 1993;Burge, 1993)。第二类,就是反对排斥论证中的形而上学预设。其中最具有普遍意义和影响力的就是反对论证中所预设的因果理论,虽然金在权的初衷是认为,排斥论证的力量不依赖于哪种特定的因果理论。洛威第一个明确指出,排斥论证依赖一种"厚重"的(thick)、生成式的因果理论,这是不符合现代理论物理学中因果理论的错误立场(参见 Loewer, 2002)。一个好的替代物是某种依赖式的因果理论,比如刘易斯(David Lewis)的反事实依赖因果理论,以霍根为代表的众多哲学家就是采用这种策略来规避排斥的(参见 Horgan, 1997)与此思路类似,我们也可以诉诸休谟式的规则因果理论(Humean Regularity)或法则学因果理论等方案来替代产生式的因果理论。在这个方向上有一种更为激进的思路,即认为以上因果观念都是某种绝对的关系(absolute relation),可以将其替换成某种功能式的(functional)因果理论使得排斥原则难以成立,孟席斯是这类观点的代表人物(参见 Menzies, 2003)。

第三,从排斥论证试图证明的结论来看。由这个思路而来的对排斥论证的应对,既不改变论证的基本结构,也不触及论证的形而上学预设,而是试图展示,推广其论证结论必然导致荒谬的结果,从而实现对排斥论证的归谬。在很多非还原物理主义者眼中,心身问题只是特殊科学问题的一个特例。由此而来的一个显而易见的结果是,如果排斥论证证明了心灵因果的不可能,推而广之,所有随附于物理因果作用之上的因果作用都将是不成立的。换言之,我们熟知的化学、生物和地理中的因果作用都是不存在的。这显然有悖常理,因此排斥论证是错误的,这就是以布洛克为代表的推广论证(generalization argument)的思路(参见 Block，2003)。紧密承接这种论证思路的是因果泄漏论证(causal drainage argument)，同样以布洛克为代表，其策略是：如果我们预设了层级世界观，那么排斥论证证明了，所有层级的因果力都将"渗漏"到最底层——基本物理层。而现代物理学中排除了这样的基础物理层存在的可能性，因此排斥论证是错误的(参见 Block，2003)。

以上是从排斥论证的结构、预设和结论来看的非还原物理主义应对排斥论证的三种基本思路。然而，在非还原物理主义实际的应对策略中，以上几种思路往往是相互交织的。其中，前两种思路的结合尤其显著——通过更替排斥论证的形而上学预设来达到反对其结构的效果。借用霍根的表达，这是一种"因果相容主义"(causal compatibilism)的策略。其中有影响力的观点有：亚布罗认为心灵属性是其物理实现者的"可被决定物"(determinable)，正如"红色"是"绯红"的"可被决定物"一样(参见 Yablo，1992)；派瑞博姆则认为心灵属性是由物理属性构成的(constituted)(参见 Pereboom，2002)；而舒梅克则发展了关于"实现"及其因果力继承的新理论，认为心灵属性中的因果力是实现它们的物理属性中因果力的子集(subset)(参见 Shoemaker，2001)。以上观点的共同点在于：在心灵属性非还原的前提下，加强心物属性间的形而上学联系，甚至在某种程度上使前者"内在于"(immanent)后者中，这样二者间将是"包含"(inclusion)而非"排斥"(exclusion)的关系。笔者认为，以上观点也许是有效的反驳，但都具有相当的纲领性特点，面临难于细化的问题。比如舒梅克的"子集实现"观，其能规避排斥的效果在很大程度上利用了日常人"整体不能排斥部分"或"全集不能排斥子集"的直觉。但是，我们如果要进而探究其因果力的机制，就可能要止步于此了，如何理解因果力间的集合关系还有待具体说明。斯托伊尔是敏锐的，他没有直接给出排斥论证的解决方案，而是返回去考察了心物区分(distinction)的前提(1)。他认为这个"区分"对于非还原物理主义者来说，只能意味着"数值的"(numerical)或"弱模态的"(weakly modally)区分；而对于二元论者来说却是"强模态的"(strongly modally)、"分类学的"(mereological)甚至"本质的"(essence)区分。如果面临因果排斥，二者必然有着不同的结局(参见 Stoljar，2007 & 2008)。与斯托伊尔相似，贝内特也强调非还原物理主义者不同于二元论者的心物区分程度；但她进而还探讨了过度决定论的反事实式判定标准，最终宣称非还原物理主义因其心物间的紧密关系，可以避免排斥的困境(参见 Bennett，2003 & 2008)。

通过以上考察我们看到，非还原物理主义对于排斥论证可以有不同思路的多种应对策略。在《物理世界中的心灵》中，金在权曾把对排斥论证的各种应对方案分为两大类：强烈反对型(the backlash)和免费午餐型(free lunch)，前者主要指要付出很大哲学上代价的尤其从形而上学的角度来反对排斥论证的方案，后者主要指那些吝惜哲学成本的对排斥论证的应对，比如直接倒向还原论、副现象论和消除主义的立场。他最后评论道："和现实世界一样，哲学也没有免费的午餐，并且我坚信不值得为廉价的东西花钱。我们也应该去寻找那些值得的东西并付出代价。"(参见 Kim, 1998: 59 - 60)因此，在下文的考察中，笔者将略去那些直接倒向还原论、副现象论和消除主义等立场的最直接和简易的应对方式，而主要讨论那些"付出了哲学代价的"策略。此外，金在权也经常这样评论非还原主义：在非还原性和因果效力间，鱼和熊掌不可得兼(you cannot eat your cakes and have it)。因此，在下文对非还原物理主义应对方案的考察中，笔者将更加倾向那些最大程度上得兼非还原性和因果效力，且能保全排斥论证结构的策略。

本章和下一章就将致力于从形而上学的角度来应对排斥论证。本章主要是从因果理论，而下一章则主要是从属性和事件理论出发来应对排斥论证。接下来，作为本章主体部分的三节，将分别介绍三类应对排斥论证的因果策略，即反事实因果理论策略、干预主义因果策略和金在权自己的产生式因果策略。

第二节　反事实因果策略

一、反事实因果策略的基本构想

在金在权20世纪80年代末开始倡导排斥论证时，他大致认为排斥论证的论证效力不依赖于某种特定的因果理论。在此期间，为了阐述论证的方便，他往往预设某种因果理论以说明问题。比如，金在权曾讨论过，在预设了反事实因果理论(参见 Kim, 1989)和法则学因果理论(参见 Kim, 1993)的情况下，因果排斥作用都是成立的。这样，排斥问题对于不同因果理论而言似乎是形而上学中立的。但其后，以霍根为代表的非还原物理主义者开始利用反事实因果理论来规避因果排斥，以此为基础倡导一种"因果相容主义"。他是这样阐述的：

(因果相容主义)其主导思想是因果属性都处于强健的、客观的(objective)、历时的(diachronic)反事实依赖中……这样，这些(高阶)属性不用与低阶属性法则学共外延——甚至不是通过限于种群或结构的充要条件桥接法则来实现的局部的共外延。与之相反,高阶因果属性可以完美地把低阶属性交错分类(cross-classify),即使是局部地对于一给定种群的生物和种群中的单一个体也是一样。(Horgan,1997:179)

金在权对此的回应仍然主要集中在对采用这种因果理论所实现的结果的反对上。他认为,由反事实依赖而来的"交错分类"将使得心物属性集之间的随附关系失效,而这随附关系正是多重可实现所蕴涵的,因此该方案不成立。[①] 而对于反事实因果策略,他并不看重,只是指出其自身还有无法处理的"方向性"(directionality)的问题,最多只是对于"既有因果关系"的再次确认(reaffirmation)(参见 Kim,1998:71)。至于这种"既有因果关系"是什么样的关系,他也只是偶然提及:

> 然而,只有我们理解了如下差别:一方面是真正的、产生性和生成性的因果过程,另一方面是可以观察到的非因果的规则性(non-causal regularities)——因为它们是寄附于(parasitic on)真正的因果过程之上的,我们才能理解(iii)推荐的图景。(Kim,1998:45)

可以说,这时他隐约认为,真正的因果关系是存在于基础物理层面的产生式的因果关系,而所谓的上层的心灵间反事实因果依赖,只是派生性的。或者说,真正的因果关系支撑着我们对之做出的反事实断定。只有此后洛威指出其排斥论证尤其是因果排斥原则作用的发挥,极大地依赖于产生式的因果理论时(参见 Loewer,2001),金在权才意识到特定因果理论问题的重要性,进而开始捍卫产生式的因果理论以反对其他类型——尤其是以反事实为代表的因果理论。

根据霍尔(Ned Hall)的区分,最基本的因果理论有两类,即"产生"(production)和"依赖"(dependence)(参见 Hall,2004)。后者主要指反事实依赖的因果理论,在排斥论证中一般采用的是刘易斯的反事实因果理论和与之相关的"可能世界语义学"(possible-world semantics)。刘易斯的理论本质上是为了提供一种对因果必要条件(sine-qua-non)的分析,这是休谟曾经

[①] 也许霍根在这里要表达的意思是,在多重可实现中,不论是全局还是局部,高层还是底层的属性间都不是"整齐地"对应的,既不存在自下而上,又不存在自上而下的"使其必然"(necessitation)的关系,或两属性集是"模态不同的"(modally different)。在这样的情形中,强随附不能成立,但似乎全局随附可以成立。但这与本章讨论关系不大,就不再具体展开。

提及但一直未加发挥的因果理论。e 反事实地依赖于 c 当且仅当这样的情形：如果 c 不曾发生，e 也不曾发生 (if c had not occurred, e would not have occurred)。由于反事实依赖没有传递性，因此刘易斯把因果关系看作反事实依赖的"祖先"(ancestral)，即 c 因致 e，当且仅当存在 c 和 e 间的反事实依赖的事件序列；其后，刘易斯为了应对过度决定情形，又做了如下修正：c 因致 e，当且仅当存在由 c 对 e 的影响 (influence) 而连接成的事件序列。一个反事实命题 C□→E 真，当且仅当：或者不存在 C 在其中为真的世界，这时 C□→E 是空的 (vacuous)；或者 E 在其中成立的 C 世界，比 E 在其中不成立的 C 世界更接近于现实世界。换言之，C□→E 是非空真，当且仅当存在其中 C & E 为真的可能世界比其中 C & ~E 的可能世界更接近于现实世界。这就涉及可能世界间的比较这个关键问题，简而言之，最接近现实世界的可能世界应该是这样的世界：它的初始条件与现实世界相同，其后仅在某个小范围内有短时的违背自然规律的现象，最后又趋同于现实世界。下面，我们再来看这样的反事实依赖能否被非还原物理主义用以应对排斥论证。

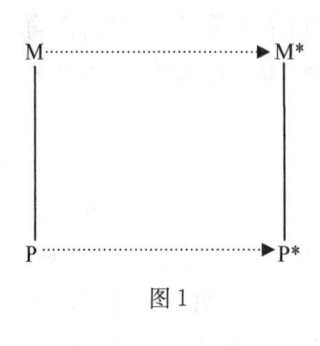

图 1

上图相当于金在权向我们描绘的非还原物理主义的基本图景，其中：M 和 P、M* 和 P* 间是随附关系，而 M 和 M*、P 和 P* 间是因果关系。金在权试图证明的是：只有 P 和 P* 间是真正的因果关系，M 和 M* 之间的不是真正的因果关系，至多是前述因果关系的"影子"。金在权认为，在这里"随附关系和所涉及的因果关系一起能生成两个心灵属性间，以及它们和物理属性间的反事实依赖；但这些和其他随附属性和随附基础间的反事实依赖一样不是真正的因果关系（试比较一件艺术品的美学属性和它们的基础物理属性间的关系）"（参见 Kim, 2005：45）。可见，金在权立场的关键之点不在于否认属性间反事实依赖关系的存在，他所反对的是属性间只有反事实依赖关系。尤其是，P 和 P* 间还必须有真正的产生式因果关系。因此，非还原物理主义者与金在权的分歧在于，前者认为上述各属性间全面的、单一种类的反事实依赖关系可以成立。

洛威认为反事实依赖是有说服力的立场，他的主要理由有三点：第一，反事实依赖足够接近我们关于心灵因果的民间 (folk) 概念，那是我们在民间心理学、理性慎思 (rational deliberation)、行动理论 (action theory) 中的心灵因果过程。第二，涉及特殊科学法则的属性也是以反事实依赖的形式发挥因果作用的。第三，也是最重要的一点，它不受排斥论证的影响。首先，因果过度决定的问题将不复存在。根据刘易斯式反事实依赖因果理论,一个事件可以反事实依赖于同时发生的诸多事件。例如,你去拿一杯冰水的行动,既可以反事实依赖于你想解渴的欲望,也可以反事实依赖于相应的脑状态,并且我们不会觉得这个行动同时依赖于这两种原因有什么不妥。其次,这又不同于经典的因果过度决定情形,后者是例如两颗足以致命的子弹同时击中了受害者的情形。尤其是,在 P* 反事实依赖于 P 之后,并不存在 P* 就不能反事实地依赖于 M 这样的抢先排斥(preemption)——以至于 M 没有任何因果角色的情形。

以上是对反事实因果策略的源起和基本背景的介绍,在下一节中我们将具体介绍其作用机制,并最终指出把反事实依赖全面代入随附论证预设的因果理论策略可能存在局限性,而局部地使用反事实因果理论的策略则更为可行。

二、反事实因果策略与下向因果问题

从本书前一章的讨论中可以看出,排斥论证的作用机制分为两个环节:首先,我们证明了心灵与心灵之间的因果作用必然蕴涵心灵与物理之间的因果作用。在这一阶段需注意的是,除了心物之间的依赖关系(随附、实现、决定等)之外,排斥论证不依赖于特定的形而上学原则。而在第二阶段,我们则证明了,只有物理之间的因果关系才是真正的因果作用,这主要是通过对因果排斥原则和因果封闭原则的交替使用来达成的。在非还原物理主义阵营中,很多哲学家倾向于在不触及因果封闭和因果排斥原则的基础上来应对排斥论证。从排斥论证的作用机制看,这相当于是对其第一环节的质疑。其中,以亚布罗、马拉斯、吉本斯、克里斯普和沃福雷德(参见 Yablo, 1992; Marras, 1998; Gibbons, 2006; Crisp & Warfield, 2001)等哲学家为代表提出的"自主方案"(autonomy approach)近来引起了很大关注。该策略的核心论点就在于指出:心灵与心灵之间因果作用的发生,无须通过心灵与物理之间的因果作用来实现。

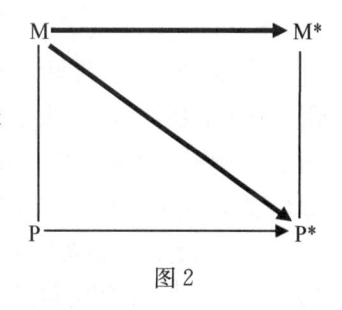

图 2

如果我们分别用 M 和 M* 来表示相继发生的事件中的心灵属性,用 P 和 P* 来表示其各自的随附基础。那么自主策略的主要思想就大致可由上图看出,只要能表明 M 和 M* 间的因果链并不总是需要伴随着 M 和 P* 间的因果链出现,那就实现了非还原物理主义所需的自主的心灵因果作用这一目标。

　　举例而言,如果我现在感到昏昏欲睡,那么我会很想喝一杯咖啡。自主策略相当于这样的图景:我犯困的感觉导致了我想喝咖啡的欲望,与此同时,我犯困的神经基础则导致了我想喝咖啡的欲望背后的神经活动。并且,我这一系列心理状态间的因果作用并不需要以下机制的发生:犯困导致我的某些特定神经被激发,而在这些神经活动出现的同时我也产生了想喝咖啡的欲望。不难看出,后面这一过程正是金在权所谓的"下向因果"现象(参见 Kim, 1998:43; Kim, 2005:20)。在本书第二章第四节中,我们看到金在权对"下向因果"的论证大致如下:M 和 M* 之间存在着因果关系,而 M* 和 P* 之间是随附(或实现)的关系。这时,似乎就会产生某种张力:M 虽然因致了 M*,但是只要 M* 的随附(或实现)基础 P* 出现,即使 M 不存在,M* 也仍然可以发生。这也是所谓的爱德华兹式的横向因果与纵向决定间的张力。金在权认为,要化解这个张力,一个融贯的解决方案是:M 通过因致 M* 的随附(或实现)基础 P* 出现而使得 M* 出现。

　　前面已提到,在一些哲学家看来,M 和 M* 与 M* 和 P* 之间存在所谓的"张力",其涵义是不甚清楚的,很难将其理解为一种因果竞争关系(参见 Crisp & Warfield, 2001:310; Antony, 2016:6)。我们可将其看作非还原物理主义者与金在权在直觉上有深层的差异,而这也正是自主策略的理论动机发轫之处。金在权已预见了可能遭致的争议,为此他提出了支持该张力的独立辩护。他认为可能存在这样一条总的原则:

　　　　下向因果原则:要致使一个随附属性得以例示,你必须致使其基础属性(或其基础属性之一)得以例示。(Kim, 1998:42)

　　其典型例子是,要想缓解头痛,服用阿司匹林就是因果地作用于头痛随附于其上的物理属性。要想使画作更加美丽、更具表现力,就必须物理地作用于该画作,并由此改变以上这些美学属性所随附的物理基础。上述图景看似合理,但克里斯普和沃福雷德让我们进一步思考,是不是同一个属性同时导致了头痛的消失和大脑状态的改变呢?他们认为,对上述例子更有说服力的解释毋宁是:服用阿司匹林导致头痛消失,与此同时,服药过程后面的物理机制导致了大脑状态的改变。对下向因果原则可做如下两种解读:

　　　　R_1:为使 X 导致一个随附属性得以被例示,X 必须致使后者的一个基础属性被例示。

R₂：为使 X 导致一个随附属性得以被例示，后者的一个基础属性必须被导致例示。

克里斯普和沃福雷德显然认为 R₂ 是其中更有说服力的一种解读（参见 Crisp & Warfield, 2001：311）。可见，在这些自主策略的支持者看来，反对排斥论证据以建构的"下向因果原则"是应对排斥论证的关键所在。关于如何达成 M 导致 M* 并不总是需要凭借 M 和 P* 间的因果作用这一目标，以亚布罗为代表的一些哲学家诉诸"成比例性"（propotionality）这一思想，我们将在后面加以说明；相当大一部分哲学家诉诸了刘易斯式的反事实因果策略。在后者看来，如果 M* 反事实地依赖于 M，且 P* 并不反事实地依赖于 M，而 P* 反事实地依赖于 P，那么就不存在 M 与 P 之间的因果排斥问题了。以反事实因果理论来实现自主策略似乎是一个相当自然的想法，但钟磊在其一系列论文中敏锐地指出，反事实策略实际上已预设了下向因果原则，这导致其根本无法解决排斥问题[①]（参见 Zhong, 2011 & 2012）。

下面我们根据其论证意图，用下向因果原则来重构排斥论证：

随附：心灵属性随附于物理属性。即，如果任一系统 S 在时刻 t 例示了一个心灵属性 M，那就必然存在一个物理属性 P 且 S 在时刻 t 例示 P；并且任一事物在任一时刻例示了 P，也要在该时刻例示 M。

下向因果：如果属性 A 导致了属性 B，那么 A 将导致该情形中 B 的某一基础属性被例示。

因果封闭：如果一个物理事件在时刻 t 有一个原因，那么它在时刻 t 就有一个充分物理原因。

非过度决定：任何单一事件在任一给定时刻不能有多于一个的充分原因，除非这是真正的因果过度决定情形。在心灵因果情形中，不存在系统过度决定情形。

非还原性：心灵属性不能还原于物理属性。

结论：M 的因果力被 P 的因果力所排斥。（参见 Zhong, 2012：78）

其论证思路是这样的，如果 M 导致 M*，即 M* 反事实地依赖于 M。则

[①] 钟磊对反事实策略的讨论实际上比本书的介绍更为复杂和全面。他先区分了基于因果继承原则、下向因果原则、上向因果原则而构建的三种排斥论证的版本，再分别讨论反事实策略施加于其上的效果。本书仅集中于对下向因果版本排斥论证的讨论，这也是其中最有代表性的一种情形。

任意一个(∼M)世界也是一个(∼M*)世界。又 P* 是 M* 的实现者,则任意一个(∼M*)世界也是一个(∼P*)世界;同时,任意一个 P* 世界也是一个 M* 世界。进而,一个(∼M&∼M*)世界同时也是一个(∼M&∼P*)世界。如果给定多重可实现,那么(∼M&∼P*)世界的集合是(∼M&∼M*)世界集合的子集。这时,再运用刘易斯式的可能世界之间接近性的比较原则:如果某个(∼M&∼M*)世界 w 与(∼M&M*)世界相较更接近于现实世界,那么对于这个 w 而言,作为一个(∼M&∼P*)世界,较之于(∼M&P*)世界,也将更接近于现实世界。因此,任意一个(∼M)世界也是一个(∼P*)世界,即 P* 反事实地依赖于 M。最终,如果 M* 反事实地依赖于 M,则 P* 也反事实地依赖于 M。这意味着,如果 M 要导致 M*,M 必须要导致 P*,而这正好就是下向因果原则。至此,我们已可看出,反事实因果策略实际上已蕴涵了下向因果原则。

接下来,就是排斥论证的第二个环节:根据因果封闭原则,P* 在 M 出现的时刻 t 必然有一充分原因 P;这时,又进入了因果竞争阶段:M 和 P 都是 P* 的充分原因,且又由于 M 和 P 存在随附或实现关系,它们不是经典的过度决定论情形,因此满足因果排斥原则的使用条件。最终,M 被 P 所排斥。这也意味着,反事实因果策略不能实现自主主义者的理想。实际上,反事实因果策略不但不能应对排斥论证,而且还产生出排斥问题。

然而,非还原物理主义者很快就对该问题做出了回应。我们看到,在钟磊的论证中,M 和 P、M* 和 P* 之间被认为是强随附或强度类似的实现关系。① 但 P 和 P* 对于 M 和 M* 而言是什么样的实现基础均未做规定。克里斯滕森和凯勒斯特拉普就据此提出质疑,他们认为一旦我们对实现基础做出精细刻画,上述论证就将难以展开(参见 Christensen & Kallestrup, 2012)。他们的根据是舒梅克对核心实现者(core realizer)和总体实现者(total realizer)的划分。如果 P_c 是 M 的一个核心实现者,即是说 P_c 通过扮演了 M 的因果/功能角色 R 而实现 M,而 M 的总体实现者 P_t 则相当于其所实现 M 的充要条件——它相当于 P_c、各种物理背景属性 P_b 以及与自然律相关属性 P_l 的合取。那么,上面论证中的 P* 究竟是 P_c^* 还是 P_t^* 呢?

当实现者是 P_c^* 时,就有可能 P_c^* 出现而 M* 不出现,因为 P_c^* 不是后者出现的充要条件,而论证所预设的强随附则要求 P_c^* 出现而 M* 就必然出现。当实现者是 P_t^* 时,P_t^* 出现可以保证 M* 必然出现。论证要求我们达到 P_t^* 反事实依赖于 M 的结论,即 M 导致 P_t^*。但注意,P_t^* 是一个合取属性($P_c \wedge$

---

① 在其论述中,钟磊对特定的随附以及与之强度类似的实现关系均未做区分,一般交替使用。

$P_b \wedge P_l$),它如何能进入因果关系项,这本身都还存在问题。因此,以上相当于为前面的论证制造了一个二难困境。其根据就是,实现属性不能既是因果关系项,又是随附属性的充要条件。

钟磊意识到了上述质疑对其策略的威胁,他的应对策略分别针对二难困境的两支。当实现者是 P_c^* 时,其关键之点是认为在最接近现实世界的世界 w 中,背景条件和相关自然律应该也是保持不变的。进而,($\sim M \& \sim M^*$)世界同时也是一个($\sim M \& \sim P_c^*$)世界。作为一个($\sim M \& \sim P_c^*$)世界,较之于($\sim M \& P_c^*$)世界,也将更接近于现实世界。因此,任意一个($\sim M$)世界也是一个($\sim P_c^*$)世界,即 P_c^* 反事实地依赖于 M。而当实现者是 P_t^* 时,其应对策略的关键之点首先在于引入所谓的"首要物理实现者"(primary physical realizer),可称之为 P_p^*。P_p^* 相当于排除了自然律相关属性的总体实现者。因对 P_p^* 反事实地依赖于 M 的证明大致类似于之前情形,就不再赘述。需要注意的是,钟磊诉诸 P_p^* 的意图是,其既可以进入因果关系,对 M 的出现又必然是充分的。①

以上就是围绕反事实因果来实现自主策略的主要思想及其引发的争议。反事实因果策略是自主主义者所偏好的一种因果理论,然而它有蕴涵排斥论证的关键环节——下向因果——的可能。更需要注意的是,在关于反事实因果策略来回辩驳的过程中,我们发现,随附关系的强度、实现概念本身的精细刻画程度,在很大程度上影响着自主策略的成功与否。一个有效的自主策略还需极大完善其中关系和概念的刻画,限于篇幅,我们在这里就不再做进一步的探讨。

三、反事实因果策略与过度决定情形

这种策略其实已暗含在前一小节洛威对反事实策略优点的论述中,其基本思路是这样的:根据反事实因果理论,一个结果可以有两个或以上的充分原因,但这不能被视为过度决定的情形,并且,这两个原因间不存在因果竞争和因果排斥。对此,我们可以认为这是一种反对因果排斥原则的策略,即前面所说的根据论证构造形式而来的反驳。同样也可以说,在反事实的因果理论下,因果排斥原则失效了。对于这种反事实策略来说,以上两种表述的差异往往只是语词之争。

---

① 为使包含了相关背景属性的 P_p^* 进入因果关系,钟磊专门将因果关系 M 导致 M^* 解释为,M 处于对 M^* 而言是充分的因果背景(causal profile)中。本书限于篇幅,就不再对此加以详述。

下面将要讨论的是这一思路的一个精巧的变种,即贝内特的反事实过度决定判定策略。她认为,排斥论证的论证效力不依赖于特定的因果理论。(参见 Bennett,2008:287)这意味着,她不认为采用特定因果理论——尤其是采用特定因果理论反对排斥原则的策略会根本奏效。贝内特的策略是,她仅提供一种关于过度决定的反事实判定方式。她进而宣称,由于非还原物理主义中心灵和物理属性间的紧密联系(形而上学的必然关系),在该判定方式下,这不是一种过度决定情形。再加之,一个结果可以有多个充分原因。因此,排斥问题被消解了,从论证效果看这是一种因果兼容论策略。

对于心灵原因 M、物理原因 P 和被它们过度决定的结果 E 而言,贝内特的过度决定判定方案(参见 Bennett,2003:477;Bennett,2008:287)可以表示为:

如果 E 被 M 和 P 过度决定,仅当下列两个命题都非空地真(nonvacuously true),即:

(O_1) 如果 M 发生而 P 不发生,E 仍将发生:(M &～P)□→E;
(O_2) 如果 P 发生而 M 不发生,E 仍将发生:(P &～M)□→E。

需要注意的有如下几点:

(1) 以上反事实命题的非空地真是判定过度决定的必要条件,而非充分条件。但 M 和 P 对于 E 应该是因果充分的。

(2) 这个判定方案采用反事实依赖形式,并不意味着就此承诺了一个全面的反事实立场。

下面我们来看不同的因致方式在这个判定下的情形是什么样的?如果是联合原因(joint causes)情形,两个反事实命题都将为假。不难看出:(M & P)世界比(M &～P)世界和(P &～M)世界更接近在其中 E 为真的那个世界。而如果是 M 和 P 实际上是同一个原因,那么两个反事实命题都将为空。显然,(M &～P)世界和(P &～M)世界根本不存在。其实,不用 M 和 P 同一,只要 M 和 P 的关系足够紧密,比如形而上学必然,两个命题同样为空。这也为我们通过考察 M 和 P 之间关系的紧密程度来影响反事实命题的真值,从而为找到某种因果兼容论提供了契机。因为,如果两个命题都为假或空,或一假一空,都将是非还原物理主义摆脱过度决定论的途径,哪怕 M 和 P 仍然对 E 是因果充分的。

但从表面上看,既要做到维护因果充分性(casual sufficiency),又不是过度决定情形,是相当困难的。比如欲使(O_2)为假,我们就不能选择"P 需要 M

的帮助才能因致 E"的方案。欲使(O_1)为假,这样的设想是不对的:如果 P 不发生,因为 M 的另外一个实现基础比如 P′可能发生,使得 M 发生。因为这是错误的设想可能世界的方式,P 不发生实际应代表了类似 P(P-like)的其他实现属性也不发生。欲使(O_1)或(O_2)为空,意味着我们应该宣称(M &～P)世界不可能或(～M & P)世界不可能,看上去似乎较易。但也面临很多问题:僵尸论证(zombie argument)似乎意味着心物间仅是偶然的关系,因而(M &～P)世界是可能的;前面提及的伯奇的例子也显示了物理和心灵一样模态灵活,完全可能有(～M & P)世界。

贝内特的解决方案相当具有创意,她选择(O_2)来使其为假或为空,至少从表面上看,(O_2)更难为假或为空。她的策略如下:

(1) 使(O_2)为空的策略。这个策略实际上更换了作为物理原因的对象,也许即使 P 不能使 M 必然出现,我们总能找到一个物理属性 P*,它也许比 P 复杂且具备外在性。这样(P* &～M)世界是不可能的,相应地,(M &～P*) □→E 为空。

(2) 使(O_2)为假的策略。我们可以认为,P 产生 E 的物理条件,就是 P 使得 M 必然出现的那个物理条件。因此,如果 P 发生了 M 没有发生,意味着 P 产生 E 的物理条件没有满足,意味着 E 也不能发生。因此,(M &～P)□→E 为假。

因此,对于非还原物理主义而言,M 和 P 可以做到对于结果 E 各自都是充分的,但却不是过度决定论。我们发现,如果把(1)和(2)两个策略合起来,在以上论证的基础上又增加了一层论证的力量。我们注意到,贝内特一直没有对因果充分性有明确界定。而目前两个策略达到的结果恰好可以利用她理论的这个模糊点。我们看到,使(O_2)为空的策略,预设了一种相当强的因果充分性,我们看到 P* 中也许包含了整个背景条件,也许包含了诸多外在因素。而使(O_2)为假的策略,则预设了一种相当弱的一个因果充分性,相当于其随附属性产生的条件。这样,两个策略合起来相当于一个关于因果充分性的二难推理,即在不同强度充分性的理解下,都会导致因果兼容论的结局。这也可以看作论证力量的额外收获。

贝内特的策略是巧妙而难以反驳的,但笔者认为,这有逆向利用反事实因果理论难以处理过度决定情形的"弱点"之嫌。本来大量的过度决定、抢先占有等冗余因致的情形就是作为反事实因果理论的反例被提出的。通过反事实命题来刻画判定过度决定的标准,必然会有很多空间和模糊之处可以被利用。就与排斥论证的交锋看,可能最实质的问题还是,她的论证预设并极大依赖心物属性间的形而上学必然联系,而金在权的排斥论证往往预设非还原物理主义对手的心物属性联系只是法则学必然的。这样,他们之间的立场差别实际上只有一步之遥。

第三节 干预主义因果策略

一、干预主义因果策略的基本构想

最近十余年来,援引干预主义因果策略已日趋成为一种应对因果排斥论证的流行策略。干预主义属于广义的操作主义(manipulationism)因果范畴,后者的基本思想就是要将因果关系理解为一种潜在可用于操作或控制目的的关系。简言之,如果 c 是 e 的原因,那么只要我们以某种特定的方式对 c 施加操作,e 就会依该方式而被改变。而干预主义因果理论就是要引入"干预"这种概念手段,来实现对因果系统的操作或控制。

与冯·赖特(参见 Von Wright, 1971)、孟席斯和普赖斯(参见 Menzies & Price, 1993)这些操作主义因果观的早期提倡者不同,希区柯克(参见 Hitchcock, 2001)、佩尔(参见 Pearl, 2000)、伍德沃德(参见 Woodward, 2003)等学者并不强调能动者在因果作用中的关键地位,而主要是提供一套基本结构或因果模型来刻画干预主义的因果概念。这些干预主义者通常将因果作用解释为变项(variables)之间的关系。简言之,因果关系就可被刻画为:在特定背景条件下,原因变项值的改变会导致结果变项值的改变。①

那么如何发现或判定两组变项的相应变化呢,或如何进行合理的干预或操作?一个通行的技术手段就是构造随机化实验(randomized experiment),以消除两组变项相对于某个参照因素的系统差异(systematic difference)(参见 Pearle, 2000;Woodward, 2003)。借用伍德沃德的例子(参见 Woodward, 2008),当我们要考察,是否就读于私立学校比就读于公立学校更有利于提高学业成就时,干预主义的考察方式认为,应该在其他条件(比如父母的经济地位、对教育的态度等)保持不变的情况下再来考察,就读于私立学校是否导致了较高的学业成就,同时,就读于公立学校是否导致了较低的学业成就。对原因进行干预、构造随机化实验的操作相当于:在特定情形中,断开所有通向"就读于私立学校"这类事件的因果链,而保留其他因果链(包括"就读于私立学校"通往其他类事件的因果链)。比如,先悬置父母的经济地位、对教育

---

① 在这里原因和结果变项的值可以是多元的。

的态度等因素对就读私立学校的影响,再看后者是否导致了较高的学业成就。干预主义因果理论就是要将真正的因果关系与非因果的依赖性(non-causal dependency)区分开来。

我们下面再来讨论为什么非还原物理主义者要选择干预主义因果理论来应对因果排斥论证。该策略的主要理论动机是这样的:当援引了干预主义因果理论之后,因果排斥原则就往往难以成立,或至少在某种条件下难以成立。后者看似只实现了部分目标,但需要注意的是,金在权通常把因果排斥原则基本看作一条分析真理,只要能够指出它仅仅在某些特定条件下才是有效的,就是对这条原则的重大打击。这至少能够表明因果排斥原则只能是一条经验真理。

首先,干预主义因果理论的倡导者对于排斥论证中所预设因果观最主要的批评就是,认为其将因果充分性误认为是因果作用(参见 Menzies & Price, 1993; Woodward, 2003; Menzies, 2009)。可以借用孟席斯的例子来说明这个问题:假如一个男人服用了避孕药,这对于他不会怀孕来说显然是因果充分的。但这其中并没有任何因果相关性,因为男人服用避孕药对其不会受孕来说不会造成任何影响(make no difference)(参见 Menzies, 2009: 72)。伍德沃德对排斥论证预设的因果观也有类似的诊断,例如,当变项 X 的所有可能的值都导致变项 Y 的一个单一的值时,那么尽管所有这些 X 的值对于 Y 的这个值来说都是"充分的",但这也意味着任何干预都不能通过改变 X 的值来改变 Y 的值,所以 X 不会是 Y 的直接原因(参见 Woodward, 2015: 9)。

其次,与上述问题相关,针对上面的例子,一些哲学家认为,服用避孕药对于没有怀孕而言,显得过于专门(specific)且包含了过多的额外细节,因此二者之间没有因果相关性。这类似于亚布罗在心灵因果问题讨论中所提出的"成比例性"的标准(参见 Yablo, 1992)。根据亚布罗的观点,简言之,原因和结果之间应该有成比例性的限制条件,如果两个属性不相称,它们之间就没有因果关系。可用他的著名的鸽子的例子来说明这个问题:假设一只鸽子被训练只去啄红色的东西。那么当红色的目标出现时,鸽子就会去啄击。而此时,当我们给鸽子一块深红色的目标时,鸽子应该会去啄击。那现在的问题是,到底是因为目标是红色的,还是因为目标是深红色的,导致了鸽子的啄击?根据因果排斥原则,任何事件不能有多于一个的充分原因,鸽子啄击的原因只能是目标是深红色的这一事实。根据亚布罗的理解,"是红色的"这一属性随附于或实现在"是深红色的"这一属性之上。且目标是深红色的对于鸽子的啄击而言是因果充分的,那么目标是红色的就不是鸽子啄击的原因。然而,亚布罗认为,真实的情形正好与此相反。目标是深红色的对于鸽子的啄击而言显得过于专门,我们可以假设,当目标不是深红色而是桃红色时,鸽子照样会去啄击。因此,虽然目标的深红色对啄击而言是因果充分的,但我们并不会将前者视为后者的原因。而目标是红色的相较于鸽子的啄击而言恰好程度相称,它们具有彼此相当的专门性(specificity),因此它才是鸽子啄击行为的原因。与之类似,假设某一心理状态("想喝咖啡"),而该心理状态随附于某神经状态上(比如 N_5),那么究竟是哪一个状态是随后行为("去买咖啡")的原因呢。根据上述思路,特定神经状态对于该行为来说显得刻画得过于精细和专门,且当前者没有出现时,另一个类似的神经状态(N_{10})也会实现该心理状态,因此心理状态应该是行为的原因。

再次,干预主义者还强调因果关系在本性上具有"对比性特征"(contrastive character)。(参见 Woodward,2003)当 C 导致 E 时,对比性特征体现在"是 C 的出现而非缺席,导致了 B 的出现而非缺席"。例如,当我塞入自动贩卖机 5 元钱后,从机器中出来一瓶可乐。因果关系的对比性所强调的就是,"塞入 5 元钱"在可使机器递送出可乐的币值范围之中,但并非塞入任何币值机器都会递送出可乐。

综上所述,应对排斥论证的干预主义策略试图在心灵因果问题的讨论中把握住如下直觉:因果作用与因果充分性的区别、原因和结果之间的成比例性限制,以及因果关系的对比性。① 因此,他们通常会选取一种造成影响(difference-making)类型的因果概念。此外,干预主义的因果关系被刻画为变项间的关系,在刻画心灵因果作用时一般采用的是出现(presence)或缺席(absense)这样的二元变项。在这里,我们援引里斯特和孟席斯的构造方式,将因果关系表示为如下双条件式(参见 List & Menzies, 2009:482):

> 造成影响的真值条件:在现实情形中,F 的出现对 G 的出现造成了影响当且仅当:(i) 如果任何相关类似可能情形例示了 F,那它也例示了 G;(ii) 如果任何相关类似可能情形例示了∼F,那它也例示∼G。

需要注意,这里的"相关类似可能情形",相当于之前所说的构造随机化实验,其主要目的就是使其他条件保持不变。为了使上述双条件式在逻辑上

---

① 但要注意的是,非还原物理主义者虽赞同亚布罗的上述直觉,但是一般都不沿袭他的解决方案,这主要是因为后者的形而上学预设过于独特,比如将心物随附关系理解为可被决定者(determinable)和决定者(determinate)之间的关系。然而,决定关系显然是一种形而上的必然关系,这与很多非还原物理主义者对心物关系的强度要求不符(参见 List & Menzies, 2009:480-481)。

可以更加清晰地加以追溯,也可将其改写为反事实条件句。在可能世界语义学中,"相关类似可能情形"就相当于"相关类似可能世界"。这样,就得到了如下构造方式:

> 造成影响的真值条件:F的出现对G在现实世界中的出现造成了影响,当且仅当在现实世界中以下为真:(i) P的出现□→G的出现;(ii) P的缺席□→G的缺席。①

采用了干预主义策略的反事实构造后,我们可以亚布罗的鸽子例子来考察其具体应用情况。当要考察究竟是目标的红色还是深红色是鸽子啄击的原因时,可考察下列反事实条件句的真值情况:

(1a) 目标是红色的□→鸽子啄击。
(1b) 目标不是红色的□→鸽子不去啄击。
(2a) 目标是深红色的□→鸽子啄击。
(2b) 目标不是深红色的□→鸽子不去啄击。

不难看出,(1a)、(1b)同时为真。因此,目标是红色的是鸽子啄击的原因。但(2a)、(2b)并非都真。因为在最接近现实世界的可能世界中,当目标不是深红色时,会有其他色调的红色目标导致鸽子去啄击,所以(2b)为假。因此,目标是深红色的不是鸽子啄击的原因。同时,这也完全符合亚布罗关于因果关系的直觉。(i)排除了对于结果而言不够充分或不够专门的原因,而(ii)则排除了对于结果而言过于专门的原因。

二、干预主义因果策略与排斥原则的限度

前面介绍了干预主义因果策略的主要构想,现在我们再来看它对排斥论证的具体应对。我们知道,干预主义应对排斥论证的关键之点在于使因果排斥原则失效,以期实现一种因果相容主义的结果,即某一事件可以同时具有一个心灵原因以及作为其实现者的物理原因。在各种干预主义因果策略中,里斯特

---

① 孟席斯对反事实的解释基本符合刘易斯的可能世界语义学(参见 Lewis, 1973)。二者的主要不同之处在于:刘易斯对域系统施加了一个较强的居中要求(centring requirement),即中心世界 w 周围的最小域只包含 w;而孟席斯仅坚持一个较弱的居中要求,他允许 w 周围的最小域不止包含一个世界。

85

和孟席斯的方案具有很强的代表性,且对排斥原则在干预主义因果概念下的可能后果做出了详尽的分析(参见 List & Menzies, 2009; Menzies, 2013)。下面,将主要以他们的方案为例,来探讨干预主义因果策略对排斥论证的应对。

根据前文的分析,干预主义策略的支持者一般都指责金在权在排斥论证中混淆了因果充分性和因果作用。因此,我们要注意不能以因果充分性来理解排斥原则。例如,第二章第三节中提及金在权对排斥论证的如下构造就是成问题的:

> 因果排斥原则:如果 C 对其后发生的事件 E 是因果充分的,那么没有与 C 同时发生却完全相异于它的事件对于 E 是必要的。(参见 Kim, 1993a: 243)

里斯特和孟席斯就将其改写为基于造成影响类型的因果概念的如下原则(参见 List & Menzies, 2009: 490):

> 因果排斥原则*:如果所有属性 F 都相异于属性 F*,且属性 F* 随附于属性 F,那么 F 和 F* 不能同时导致一个属性 G。

此时,假设在现实世界中,一个心灵属性 M 随附于一个神经属性 N 之上,且 M 和 N 都宣称是一个属性 B 的原因。那么,我们就得到如下命题:

(1) M 出现是造成 B 出现的有影响力的原因。
(2) N 出现是造成 B 出现的有影响力的原因。

根据上文对干预主义因果概念的双条件式构造,那么我们可得如下一组命题:

(1a) M 的出现 □→ B 的出现。
(1b) M 的缺席 □→ B 的缺席。
(2a) N 的出现 □→ B 的出现。
(2b) N 的缺席 □→ B 的缺席。

显然,如果我们要实现一个因果相容主义情形,就必须使得(1a)、(1b)、(2a)和(2b)同时为真。里斯特和孟席斯认为,只有当 M、N 和 B 处于某种特定条件下时,这四个反事实条件句才能同时为真。他们借助了"实现敏感"(realization-sensitive)这一概念来刻画上述特定情形。简言之,M 和 B 之间的因果关系是实现敏感的,仅当在所有既是 M 世界同时又是最接近现实世界的~N 世界中,B 没有出现。这相当于在该世界中,M 有一个与现实世界中不同的实现者。里斯特和孟席斯曾用如下示意图来表示这种因果相容主义情形(参见 List & Menzies,2009:492):

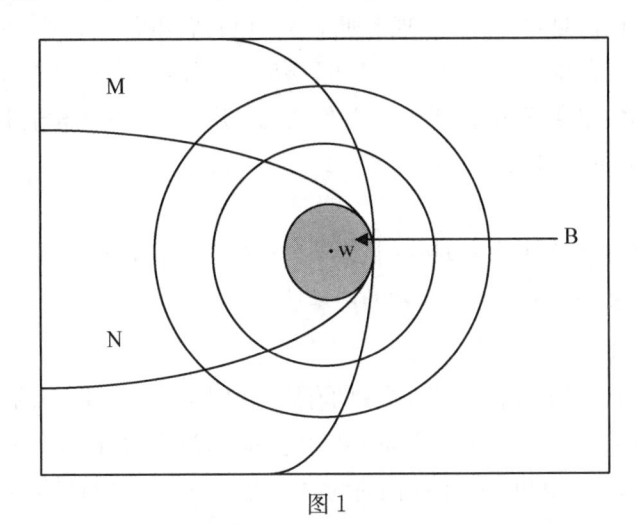

图1

在图 1 中,最中心的 w 代表现实世界,从外到内依次是与 w 接近程度递增的可能世界。深色区域所表示的是 w 周围最小的域,根据孟席斯所理解的可能世界语义学,可以包含不止一个世界。图中较小的凸区域表示 M 世界的集合,较大的凸区域表示 N 世界的集合。而 B 世界的集合与深色区域代表的 w 周围最小的域相重合。根据图形我们可以直观地看出上述四个命题的真值情况。因为 M 世界包含 w 周围最小的域,这意味着在该区域中 M 成立,而 B 显然是成立的,因此(1a)为真。同时,B 并不处于任何~M 世界之中,显然也不会处于最接近 w 的~M 世界中,因此(1b)也为真。与之类似,因为 N 世界包含 w 周围最小的域,意味着在该区域中 N 成立,而 B 也成立,因此(2a)为真。同时,B 并不处于任何~N 世界之中,也就不会处于最接近 w 的~N 世界中,因此(2b)也为真。

图 1 所反映的只是 M 与 B 之间的因果作用和 N 与 B 之间的因果作用相容的一种情形。还需注意的是,图 1 还表明因果排斥原则在某些情形下可能不成立,它并不是一条先天真理。具体而言,只要高层属性之间(M 与 B 之间)的因果关系是实现敏感的,那么因果排斥原则就为假。这反映出一个这样的事实,M 的实现方式只要出现了一个微小的扰动,就会导致 B 不出现。例如,如

果 M 被 N 之外的另一个神经状态比如 N′所实现,那么就会导致 B 不出现。

用反事实来刻画干预主义因果策略的优点就在于容易追溯因果作用是否兼容的各种情形。除了上述因果相容主义结果外,里斯特和孟席斯还考察了因果排斥原则在其中成立的各种情形,本书就不再具体加以介绍。只是需要注意的是其中他们加以分析的一种易被人忽略的排斥原则构造形式——"下向排斥"(downwards exclusion)。通常理解的排斥原则,其作用过程一般是高阶属性的因果效力被其实现者所排斥。但我们知道,排斥原则的表述本身对二者而言是中立的,这意味着也可以有实现者的因果效力被高阶属性所排斥的情形。里斯特和孟席斯就让我们注意排斥原则的下向构造形式(参见 List & Menzies, 2009:490):

下向排斥原则:如果一个属性 F 导致了一个属性 G,那么没有任何随附或实现在 F 上且与之相异的属性 F* 会导致 G。

上述原则表明,属性 F* 造成 G 的有影响原因,仅当实现 F* 的属性 F 不是造成该结果 G 的有影响原因。如果我们要实现这样的情形,就必须使(1a) 和(1b)为真,而(2a)和(2b)不能同时为真。里斯特和孟席斯借助了"实现非敏感"(realization-insensitive)这一概念来刻画下向排斥情形。简言之,M 和 B 之间的因果关系是实现非敏感的,仅当 B 出现在所有既是 M 世界同时又是最接近现实世界的~N 世界之中。这表明,即使在 M 的实现过程中受到一些微小的扰动,B 也依然出现。下面我们再次借助里斯特和孟席斯的示意图来看看下向排斥的情形(参见 List & Menzies, 2009:496):

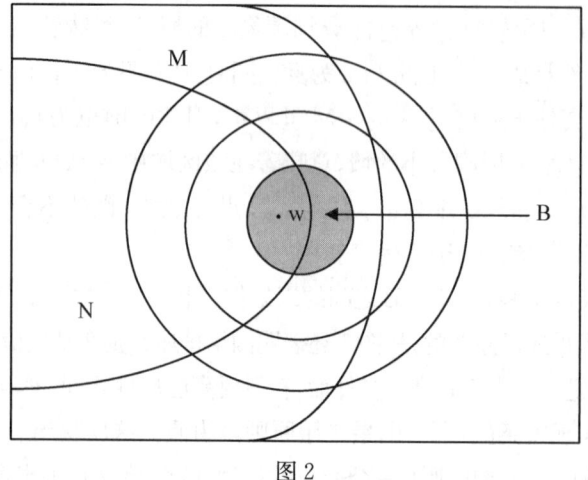

图2

如图 2 所示,在最接近 w 的 M 世界中,B 也出现,因此(1a)为真。同时,B 并不处于任何~M 世界之中,显然也不会处于最接近 w 的~M 世界中,因此(1b)也为真。而在最接近 w 的 N 世界中,B 也出现,因此(2a)为真。但要注意的是,在最接近现实世界的~N 世界之中,即在 N 世界之外的 w 周围的最小域(且在 M 世界之中),B 还是出现的,因此(2b)为假。这意味着,M 是造成 B 的有影响的原因,而 N 却不是。

其实,上文提及的亚布罗的鸽子就是该情形的典型例子。我们断定深红色不是鸽子啄击原因的关键依据,就是反事实条件句"目标不是深红色的□→鸽子不去啄击"为假。因为在最接近现实世界的、目标不是深红色的世界中,目标如果是其他色调的红色也会导致鸽子的啄击。

总之,以里斯特和孟席斯为代表的干预主义因果策略为我们提供了评价因果排斥原则的重要手段。特别是它指出,因果排斥原则不是一条分析真理,存在其成立和失效的特定因果系统或条件。其中,对其失效情形的刻画,向我们展示了应对排斥论证的逻辑空间,也让我们看到了因果排斥原则的限度所在。

三、对干预主义因果策略的两类质疑

上文分析了干预主义因果策略对排斥论证的应对。在这一小节中,我们将讨论对干预主义因果策略的两类有代表性的质疑。这两类质疑分别针对的是该策略中对变项干预和控制的处理以及对因果关系的判定,均涉及我们对干预主义因果策略的根本理解问题。下面我们就依次对这两类质疑进行讨论。

(一) 随附框架中的干预与控制

当代各种具体干预主义因果策略的概念框架通常依据的是伍德沃德在《使事情发生:一个因果解释理论》中建构的因果干预主义理论(参见 Woodward, 2003)。这些策略得以实施的一个前提条件就是构造随机化实验,通过合理的干预或操作以消除两组变项相对于某个参照因素的系统差异。其中的关键之点就在于正确选择我们应该去加以控制(control for)的变项。然而,以鲍姆加特纳(参见 Baumgartner, 2009 & 2010)为代表的批评者指出,用干预主义因果策略应对排斥论证是完全无效的。其理由是,因果排斥问题是在非还原物理主义的理论框架中展开的,而后者主要是以随附关系加以刻画的。鲍姆加特纳认为,在随附关系下,我们无法对所需的变项施加正确的干预。可以举一个简单的例子说明他的意思,当对"疼"这一心理状态施加干预时,我们所期待的情形是这将使其他条件保持不变,但由于随附关系的存在,我们只要干预"疼"也就同时干预了它的神经基础,这将使干预主义策略难以进行。

为了考察鲍姆加特纳的质疑是否成立,我们不妨先回到伍德沃德关于"干预"的最初界定:

(Ⅳ) I 对于 X 而言是之于 Y 的一个干预变项,当且仅当:
(1) I 导致了 X;
(2) 对于其他所有导致 X 的变项而言,I 相当于行使着开关的角色。即对于 I 的特定值而言,当 I 取这些值时,X 就不再依赖于导致 X 的其他变项的值,并转而只依赖于 I 所取的值;
(3) 任何由 I 到 Y 的直接路径都经过 X。即 I 并不直接导致 Y,也不是除 X 之外 Y 的任何原因的原因;当然,除了那些被植入 $I\rightarrow X\rightarrow Y$ 的联结本身的原因。即除了:(a) 那些是 X 的结果同时也是 Y 的原因(即变项处在 X 和 Y 的因果联结之间);(b) 那些在 I 和 X 之间,且独立于 X 对 Y 就没有任何影响的 Y 的原因;
(4) I(在统计学上)独立于任何这样的变项 Z:Z 导致 Y,且由 Z 到 Y 的直接路径不经过 X。(Woodward,2003:98)

我们看到,根据伍德沃德对"干预"的理解,对于变项 Y 而言,对变项 X 施加的干涉要(在统计学上)独立于 Y 的任何其他原因,这些原因在由 X 到 Y 的因果路径之外。而鲍姆加特纳质疑的实质就在于指出,当把这样的干预概念置于随附框架之中时,一旦施加干预就很有可能会改变处在因果路径之外的那些原因变项的值,而致使干预无法实施。下面我们具体来看随附框架中的干预问题:

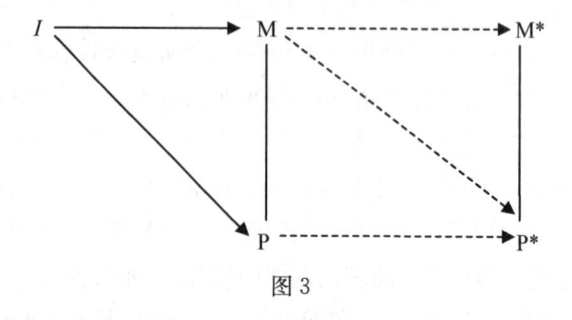

图 3

在图 3 中,变项 M 和 M* 代表相继发生的心灵状态,而变项 P 和 P* 则分别是它们的随附基础。不妨假设这里的随附关系是金在权通常预设的强随附,这意味着如果 M(或 M*)发生变化,那么 P(或 P*)就必然发生变化。这时,依从鲍姆加特纳的路线,假定我们要考察的是 M 能否导致 P*。首先,我们需要对 M 施加干预 I,以考察 P* 的变化。然而,假如施加了干预 I 后,M 的值发生变化,那么由于 M 和 P 之间是强随附关系,因此 P 的值也必然发生变化。论证的关键之点在于,鲍姆加特纳认为 P 是 P* 的一个原因(根据因果封闭原则),且 P 是处于待考察的 M 和 P* 之间因果路径以外的原因。然而,对 M 的干预却导致了 P 这样一个路径外变项(off-path variable)的改变。这与前文(IV)中的(4)是直接冲突的。因此,鲍姆加特纳认为,在考察心灵的因果效力时,我们不能对图 3 所示的随附框架中的心灵状态施加干预,因为我们无法固定或控制心灵状态的随附基础。

对于鲍姆加特纳的质疑,伍德沃德首先承认其先前著作中所给出的干预定义(IV),确实没有考虑和提及"干预"出现于随附框架中的问题,至少干预主义因果理论也并非专为应对排斥论证而提出(参见 Woodward, 2015; Woodward, 2017)。但是鲍姆加特纳对干预应用范围的理解也并不正确,主要体现在对"路径外变项"的误解。如图 3 所示,伍德沃德的观点是,当我们用干预主义因果策略考察 M 和 P* 间的因果关系时,P 并不是该因果路径外的变项。因此,当对 M 施加干预时,我们完全无须固定 P 的值使其保持不变。他认为,鲍姆加特纳对干预应用范围的误解主要源自前面干预定义(IV)中的(3)和(4)。在伍德沃德看来,鲍姆加特纳的质疑混淆了正常的因果框架和随附出现在其中的非因果依赖框架。如果 P 与 M 之间是因果而非随附关系,那么我们施加干预时就是要将其中的因果链断开,从而保证对 M 干预时 P 的值不会变化。但是一般理解的随附关系并不是一种因果依赖关系。那既然如此,什么才是"路径外"的确切涵义呢?伍德沃德认为,"路径外"是指正常因果图示(causal diagram)之外的路径,这类图示是我们所关注系统(system of interest)的因果结构的表征。在这个意义上,P 在随附框架中显然不是一个路径外变项(参见 Woodward, 2015:324)。这样,我们再回过头看(IV)的定义。当干预变项出现在随附框架中时,对(3)中的"由 I 到 Y 的直接路径都经过 X"就应理解为:即使 I 改变了 X 的随附基础的值,但这还是一条由 I 到 Y 的直接路径。而与此同时,对于(4)中的"I(在统计学上)独立于任何这样的变项 Z",我们应该意识到 X 的随附基础并不应该被算作这样的变项 Z。因此,处理随附框架中的干预的正确方式是,当干预施加于 M 时,其随附基础 P 的值应该依特定随附关系的要求任其"自动改变"(automatically changing)。此外,伍德沃德还注意到,在有定义性依赖(definitional dependence)出现的情形中,处理情况也与随附情形类似(参见

Woodward，2015；Woodward，2017）。

因果干预主义者对随附情形的上述处理方式，实际上体现出了他们与金在权在看待因果排斥问题上的根本差别。在他们看来，金在权能得出排斥结论的深层问题就在于他近似于上述质疑的思路：先对 P 加以控制，再来考察 M 对于 P* 或 M* 是否具有因果效力（参见 Woodward，2015：307）。在伍德沃德等干预主义者看来，排斥论证的支持者对干预和控制的不恰当解读，正是他们理解心灵因果问题的错误根源。

（二）干预主义因果策略对因果关系的判定

对干预主义因果策略的第二类质疑涉及我们如何运用干预主义因果概念对因果关系进行判定的问题。在第二小节中我们介绍了以里斯特和孟席斯为代表的干预主义策略，简言之，其论证的关键之点在于指出（2b）为假：

(2a) N 的出现 □→ B 的出现。
(2b) N 的缺席 □→ B 的缺席。

在对（2b）的真值进行判定时，根据多重可实现性，假设作为 M 的实现者之一的 N_1（或当变项 N 的值取 n_1 时）没有出现，那么只要它的另一个实现者 N_2（或当变项 N 的值取 n_2 时）出现，那么 B 仍然会出现。那么该条件式为假，即（2b）为假，于是 N 就不是 B 的原因。最终，如果 M 导致 B，那么就会出现 M 对 N 的下向排斥情形。

在伍德沃德看来，该策略要正确运行，上述对（2b）的判定还缺少某种备份机制（back-up mechanism）的设置。具体而言，当 M 的实现者之一 N_1 没有出现时，不但需要有 M 的另一实现者（比如 N_2）的出现以导致 B 出现，我们还需要确保不能最终导致 B 出现的 M 的特定实现者（比如 N_3）不出现。这有些类似于某种行刑队的情形，当第一个枪手未能击中目标时，就应当有第二个备份枪手去完成射击任务（参见 Woodward，2008：240 注释 9）。然而，我们在前面介绍的里斯特和孟席斯的干预主义策略中并没有看到这样的备份机制，因此他们对因果关系的双条件式的判定方式是不充分的。

要具体分析这个问题，一个自然的想法是，我们可以用不同的方式对 N 与 B 之间的依赖关系进行细化说明（参见 Woodward，2017：13）。比如，我们可以采用更精确的描述方式突出因果关系的"对比性特征"。例如，"是 N_1 而不是 N_3，导致了 B 的出现而不是缺席"。当然，最简单的办法就是把变项 N 的取值以及与之对应的 B 的取值一一列出，再来分析其中的因果关系。比如我们可以得到一个这样的情形：

当 N 的取值为 n_1 时，B 的值为 B_1（即 B 出现）。

当 N 的取值为 n_2 时，B 的值为 B_1。

当 N 的取值为 n_3 时，B 的值为 B_2（即 B 缺席）。

我们看到，假如 N 只有两个这样的实现者，它们相当于变项 N 的取值为 n_1 和 n_3，那么里斯特和孟席斯双条件式中的(2)"N 出现是造成 B 出现的有影响力的原因"即为真，因为 N 的值的变化导致 B 的值的变化。而假如 N 的两个实现者是这样的，它们相当于变项 N 的取值为 n_1 和 n_2，那么(2)就为假，因为当 N 的值发生变化时 B 的值仍然保持不变。

因此，如前所述，在里斯特和孟席斯双条件式对因果关系的判定中，我们还应加入对于多重可实现"备份机制"的细化说明。比如，要使(2b)为假，我们就要确保当 N_1 不出现时，M 的另一个实现者 N_3 也不出现。否则，即使这是多重可实现情形，我们也仍然不能保证 N_1 不出现，B 仍会继续出现。里斯特和孟席斯的策略只有在实现者只包括 N_1 和 N_2 时，才能顺利进行。

第四节　产生式因果策略

一、金在权对反事实因果策略的批评

对于众多诉诸反事实因果理论来规避因果排斥的策略，金在权并没有直接反驳其论证过程。其理由是两方面的：一方面，是他不认为反事实因果理论可以从根本上支撑心灵因果。换言之，他不认为心灵因果可以建基于反事实因果理论的基础之上，虽然，我们可以对很多心灵因果现象下反事实的论断或做出反事实的归纳。本小节将集中于对这个问题的讨论。另一方面，在洛威具体指出排斥论证必须依赖一种"厚重的"因果理论后（参见 Loewer, 2002），金在权开始捍卫一种产生式的因果理论。他认为，产生式的因果理论不但是排斥论证的基本预设，还是唯一可以支撑心灵因果的基本因果类型。介绍产生式的因果理论将是下一小节的任务。

在具体讨论这两种因果理论是否足以支撑心灵因果之前，我们将简单介绍一下包括金在权、洛威等众多排斥论证的评论者都赞同或默认的关于基本因果概念类型的区分。这就是霍尔做出的两类基本因果概念的划分：

因果关系，就其被理解为一种事件间的关系，呈现为至少两类基

本的、根本不同的变种。其中的一种,我称之为"依赖",大致是这样的:完全殊异的事件间的反事实依赖。在这个意义上,事件 c 是其殊异事件 e 的原因仅当 e 依赖于 c。即,在这样的情形中,如果 c 不发生,e 也将不发生。第二个变种更为难以刻画,但是当我们说事件 e 帮助生成(generate)、导致(bring about)、产生(produce)另一个事件 e 时,我们援引的是这类因果概念,由于这个原因我称之为"产生"。(Hall,2004:225)

我们看到,以上讨论的两类因果概念正好对应于排斥论证因果理论讨论中的两种对立的因果理论。需要注意的是,霍尔所说的两类因果概念,是具体因果理论下面所暗含的基本概念。因此,依赖因果概念可以再被具体细化为刘易斯式的可能世界语义学因果理论、概率论因果理论等;产生式因果概念也可以再被细化为能量守恒因果理论、因果操作理论(manipulative theory of causation)等。

在了解了这一类基本区分之后,我们来看金在权对于反事实因果理论的态度。显然,较之于产生式因果理论,反事实因果理论显得过于灵活多变,有时甚至歧义丛生。我们前面提到的过度决定、抢先情形、副现象论都是这类因果理论在形而上学中面临的争议不断的问题。金在权认为,即使反事实因果理论能妥当地处理这些问题,从而成为一种合适而有用的因果理论,它也不是我们所关注的心灵因果问题的来源。再退一步,即使我们真能把心灵因果构造为反事实因果理论,那也不足以确证心灵因果效力,进而祛除副现象主义的困境(参见 Kim,2007:236)。

金在权对反事实因果理论的主要担忧,是其难以说明人类能动性,后者是心灵因果问题最为核心之点。我们知道,人类能动性是人类的知识、认知和道德责任的根据。金在权认为反事实因果理论不足以支持和说明人类能动性,其缺陷的根源也许来源于反事实原因和结果间缺乏一种真正的被联系性(connectedness)。当然,我们很难正面论述这种真实的联结是什么,甚至在于什么,也许它应该被设想为能量流动(energy flow)和动量守恒(momentum transfer)那样实在的发生过程。但是,因反事实因果理论自身特点而起的诸多问题,却足以表明它不足以解释人类能动性。

在讨论这些问题前,金在权首先说明了反因果理论依赖性的特点,它明显依赖于反事实下面暗含的规则和法则。我们来看一个典型的反事实论断:

如果他没有扣动扳机,子弹就不会被击发。

根据刘易斯式反事实分析的可能世界语义学,以上命题非空地真当且仅当,在其中扳机没被扣动从而子弹未被击发的世界,较之在其中扳机没被扣动子弹却射出的世界,更接近于现实世界。在我们比较可能世界间的接近程度时,需要考察刘易斯所谓的"比较的全面相似性"(comparative overall similarity)。在其中,诸可能世界所遵循的法则的相似性是尤为重要的。那么,在考察扳机没被扣动子弹未被击发的可能世界与现实世界的接近程度时,显然的比较标准就是现实世界中的物理或机械定律。即,我们需要考虑撞针击发、火药燃烧、膛压等一系列力学、物理规律。显然,扳机没被扣动子弹未被击发的世界更接近于现实世界,也许它与现实世界最大的不同仅是没扣动扳机这个事实;而有着奇异物理规律,以至于子弹自发射出的世界与现实世界是极其不同的。可以看到,法则和规则是评价可能世界的主要标准。那么类比心灵反事实情形,也许支撑着它们的正是深层的心物法则或规则性恒常联结。进而可以说,反事实因果理论并不能独立地支撑心灵因果。同时,它也许还要承担法则学、规则式因果理论等要面临的困难。

金在权对反事实因果理论的质疑,主要来自于三类反例:共同原因情形、与之相关的副现象情形和缺失作为原因的情形。这三类都是对于反事实因果理论的一般的反例,所以笔者不准备具体讨论其在广义形而上学背景中的意蕴及其应对措施,只在涉及心灵因果的具体困难时再展开讨论。

(1) 共同原因情形:设想一个原因 c 有两个结果 e_1、e_2,且 e_1 和 e_2 间不存在因果关系。但我们引入反事实依赖就会产生这样的问题:如果 c 不发生,e_1 将不会发生;同时,如果 c 不发生,e_2 将不会发生;于是,我们有理由相信 e_1 不发生,e_2 也不会发生,e_2 反事实依赖于 e_1,且反之亦成立。

(2) 副现象情形:与(1)思路类似,我们看到反事实因果理论难以区分 c 和 e_1、c 和 e_2 间真正的因果关系,以及 e_1 和 e_2 间因果关系缺失的情形。当联系心灵因果时,这个反驳就显得尤为重要了。

上图所示的是一个类似于我们在第二章开头所讨论的那个爱德华兹式的心灵副现象图景,或他经常所说的行驶的汽车在公路上投下

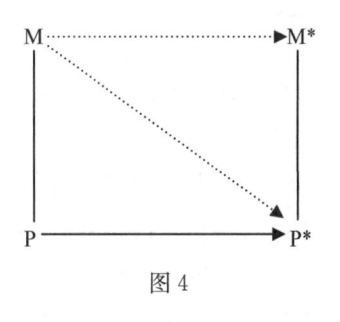

图 4

一列影子的情形。M 和 P、M* 和 P* 之间是随附关系,按金在权的理解,P 对于 M、P* 对于 M* 至少是法则学充分的。P 和 P* 之间具有真正的因果关系,而 M 和 M* 是心灵的副现象。这意味着,M 和 M* 之间没有因果关系,它们各自与 P、P* 只有自下而上、而非自上而下的因果链。由于 P 是 P* 的原因,

那么 P$\square\!\!\to$P*。而由于 P 发生，M 也必然伴随发生；同时 P 发生，必然因致 P* 发生。似乎我们可以说，如果 M 发生，P 也将发生，即 M$\square\!\!\to$P*。这样，M 和 P* 没有因果关系，但 P 却依然反事实地依赖于 M。同理可得，M 和 M* 间没有因果关系，M* 却能反事实地依赖于 M。因此，反事实因果策略不能区分真正的因果关系和副现象。

（3）缺失（omission）作为原因的情形：在反事实因果理论中，缺失或缺席很自然地可以作为原因，例如：

如果我打开窗子，屋里就不会那么热了。

在反事实因果理论中，我没有打开窗子这一缺失的行为可以被看作屋里热的原因。这似乎是反事实因果理论的一个优点，毕竟我们难以想象法则学或产生式因果理论如何处理这个问题。然而困难也随之而来，似乎无穷的缺失情形可以作为屋里热的原因：

如果奥巴马打开窗子，屋里就不会那么热了。
如果米歇尔打开窗子，屋里就不会那么热了。

在心灵因果作用中，如果思想上的缺失根据反事实因果理论可以作为原因的话，结果就显得异常荒谬了，借用金在权的例子来看：我不相信我家后院埋有宝藏，将是我不在我家后院挖掘的原因。我不相信你家后院埋有宝藏，将是我不在你家后院挖掘的原因……这将使得心灵因果成为异常随意的现象。

洛威对金在权的三个质疑都做了回应，其反驳的出发点在于最相似可能世界的评价方式。限于本文主题，我们将着重于第二个即对副现象质疑的回应。

（1）共同原因情形：正确的评价反事实的方式应该是，如果某可能世界中 e_1 没发生也许是由于之前某个小的局部的法则被违背，之后又恢复原状，其后 e_2 发生了。这个可能世界将比 e_2 也没有发生的可能世界更接近于现实世界。因此，$e_1\square\!\!\to e_2$ 为假，e_1、e_2 间无反事实因果关系。

（2）副现象情形：根据正确的反事实评价方式，非还原物理主义与副现象论是有区别的。参看图 3，在副现象的情形中，M$\square\!\!\to$P* 不成立，因为 ~M 的世界必然是 M 和 P 间的法则学必然关系被破坏了的世界，但 P 到 P* 间的因果关系依然存在，进而 P* 在 M 消失了的世界还会发生。因此，该反事实命题为假。而在非还原物理主义那里，M 和 P 间是形而上学必然关系。那么在最接近于现实世界的～M 世界，与现实世界的差异只会是由于某个小的局部的物理法则被违背，绝不会是 M 和 P 间的形而上学关系被破坏，因而必然也是～P 世界。同时，P 是 P* 的原因，那么 P* 也不会发生。因此，最接近的世界是个～M &～P* 世界，M□→P* 仍然成立。不难看出，这时 M□→M* 也成立。[①]

笔者认为，洛威的以上策略并不能完全实现他的初衷，即属性二元论者将遭受副现象论的指责，而非还原物理主义安然无恙。根据他的策略，非还原物理主义应该可以逃脱副现象论的指责，但未必所有属性二元论——即他理解的心物间是法则学必然关系的立场——都不能逃脱，其关键之点应该是对 M 和 P、P 和 P* 的关系强度做更进一步的细化。我们看到，P 和 P* 的因果关系，应该在现实世界和所有法则学相似的世界都成立。我们先假设心物间是法则学必然的关系，这也许是种属性二元论。那么，万一有这样一种可能，其中 P 导致 P* 所需的物理条件和 P 使 M 必然出现的物理条件刚好是一样的，这样～M 世界，很可能是由于其中 P 和 M 间的法则学必然关系被破坏——可能其物理条件没有得到满足。同时，P 和 P* 之间的因果关系，刚好由于相同的物理条件不能满足而不能成立。这样，～M 世界仍然是～P* 世界，因此，P* 仍然反事实依赖于 M。同理可得，M* 也反事实依赖于 M，这是属性二元论，但显然不是心灵副现象情形。因此，洛威的方案要成立必须加上这样的附加条件：P 导致 P* 所需的物理条件，和 P 使 M 必然出现的物理条件在所有可能世界都不可能相同。但这也许是难以设想的。

（3）缺失（omission）作为原因的情形：先不论一般的反事实因果理论怎么处理这个问题，金在权把一般反事实因果理论在这个问题上的结论推广至心灵因果情形是错误的。因为缺失本身不是事件，而人的某个意向、意愿（即使是想不相信什么）是事件，二者间的类比是不成立的。

通过以上讨论，我们看到，金在权认为反事实因果理论由于其自身特点，使其难以作为基础的因果关系来支撑心灵因果过程。这也是金在权对通过反事实因果理论来反对排斥论证策略的主要回应。可以想象，即使未来出现

[①] 与前面贝内特的策略类似，洛威的反驳也强调并依赖于心物属性间的紧密关系——形而上学必然关系。同样的问题，金在权排斥论证所预设的非还原物理主义心物属性间一般是法则学必然的关系。二者的分歧也许在于，贝内特、洛威等认为心物属性二元论才预设了这么弱强度的关系，非还原物理主义者必然是更强的形而上学必然关系。而金在权显然是把非还原物理主义看作属于广义的属性二元论范畴了。在贝内特、洛威等看来——尤其根据他们当前的策略——这是不可接受的。在反事实策略对排斥论证的应对中，心物关系的强度是至关重要的，这点从洛威的这个论证也能看出来：心物之间为法则学必然的属性二元论也许难逃副现象论的指责，但非还原物理主义可以。

更加完善的反事实因果理论,以致能更好地处理诸如共同原因、副现象或缺失等反例,那仍然不会从根本上令金在权满意。因为,在他看来,反事实难以支撑心灵因果的关键之点在于其缺乏一种原因和结果间真实的联结关系,这是由其定义而导致的缺陷,不会因其刻画理论的完善而消除。当然,金在权的立场还需要一正面说明,这就是他的产生式的因果理论。

二、产生式因果理论与因果排斥

产生式因果理论是金在权近来一直捍卫的排斥论证因果理论立场。与极为丰富的反事实因果理论论述不同,产生式因果理论在不久前才得到明确的阐发(参见 Hall,2004),但它的基本思想一直植根在我们对于因果关系的理解中。

产生式的因果理论实际上是强化了传统因果理解中原因和结果间的接近条件(contiguity condition),并且要求这是真实的实质性的接触(contact)。休谟很早就论及过原因和结果间的接近条件,当他说遥远的对象间似乎有一条接近的(contiguous)因果链时,他表达的就是这样的意思。他甚至还谈及"有时遥远的对象间似乎是产生性的"。实际上,在更早的波西米亚公主伊丽莎白 1643 年致笛卡尔的信中,她就表达了更为明确的接触条件的思想,她认为因果关系的发生要有时空中广延(extension)的接触,这类似于今天所说的物理的接触。这种实质性的心物接近条件,用霍尔的术语来表达就是"局部性"(locality)。

进而,处在这样的实质性接触中,原因又是如何产生结果的呢?金在权认为这是一种生成(generation)、有效产生(effective production)或决定(determination)的过程(参见 Kim,2005:18)。并且认为,这也正是安斯康姆(Elizabeth Anscombe)在其著名的《因果性与决定》(Causality and Determination)中表达的意思,下面我们来看:

> 在我们鼻子底下,有一些东西需要审视。这是很少被注意到,并且你明显会视之为老生常谈的东西,即因果性就在于结果从其原因中来的可导出性(derivativeness)。这是因果性在各种各样的因果理论中的核心或共同特质。结果导出于、产生于、来源于其原因。例如,每个人都会把父母身份(physical parenthood)作为一种因果关系。(Anscombe,1971,转引自 Sosa & Tooley,1993:91)

金在权认为,正是在这样的结果由原因产生的意义上的因果理论,才是我们谈论心灵因果问题时所预设为基础的因果理论。就两种基本因果概念的比较而言,金在权认为我们关于因果关系的核心观念应该更紧密地联系于产生式因果理论,而不是反事实依赖(参见 Kim, 2005:18)。

适合于产生式因果理论的具体理论有哪些呢？金在权在最近的著作中提及了两种理论,其中他经常引述的是第一种:一是守恒量的因果理论(conserved-quantity account),因果关系就是能量流动或动量传递(momentum transfer)。在这种理解下,来看开枪的例子:扣动扳机导致子弹击发之所以是因果关系,就在于"扣动扳机"和"子弹击发"这个事件间存在着能量流动。这是一种把"因果力"(causal power)实在化或实质化了的理解,心灵哲学家们也形象地将这种因果过程称为精力(oomph)、因果液体(causal liquid)的传递。① 二是因果操作主义理论。这种观点将因果关系视为通过操作某种东西来产生给定变化的过程。其直观动机是,我们对于因果理论的兴趣在于我们在世界中的能动者地位(参见 Kim, 2009:45)。

金在权认为,只有这样的产生式因果理论,才是具有原因和结果间真正的联结,进而能满足因果接近条件的因果关系。只有这种因果理论才能给人类能动性以充分考察,进而能真正支撑心灵因果。但这并不是说心灵因果就不能包含反事实依赖,而是说当论及心灵因果中的反事实依赖时,产生性的因果关系才是其真正的基础,并为前者提供解释。但这样的因果理论作为心灵因果的基础因果理论,尤其作为排斥论证中所预设的因果理论时,不是没有争议的。

(1) 如果把心灵因果理解为产生式因果理论,一个首当其冲的问题就是:这似乎在一开始就把心灵到物理间的因果作用排斥了。因为,显然我们难以想象,从"我想喝冰水"的这个信念与"我打开冰箱去拿冰水"这个行动之间会有什么能量流动。尤其是,其最直接的后果是,似乎排斥论证也显得多余了,因为产生式的因果理论直接就排斥了心物因果作用的可能。

笔者也曾就这个问题质疑过金在权,他的回答是,这一问题可以参照我们对以能量守恒为实质的物理因果封闭原则的理解。我们知道,能量守恒并没有否定非物理的事物可以影响物理领域。进而,以之为基础构造的物理因果封闭原则说的只是,一个物理事件在某时刻如果有一充分原因,那必然在该时刻有一充分物理原因,这并不排斥诸如"生命力"之类的非物理原因的存

---

① 在第二章第二节对物理因果封闭原则的介绍中,我们看到金在权赞同帕皮诺对物理因果封闭原则的理解,即其实质是与能量和动量守恒紧密联系的。该理解与这里所说的动量传递的产生式因果理论是对应的。

在。它强调的只是,这类原因不能作为一个物理事件的全部原因。产生式因果理论的情形也是一样的,作为能量传递的过程,它也遵从能量守恒律,但这不足以排斥非物理原因的存在。

(2) 产生式因果理论是否真正反映了物理理论中因果作用的真实情形?洛威是以这类思路来反驳产生式因果理论的代表人物。(参见 Loewer, 2002 & 2007)他的反驳分为递进的两步。

首先,他不认为金在权所描绘的产生式因果理论如实描绘了物理理论中的因果作用。一个关键之点是因果概念根本就不会出现在基础物理学的规律中。正如罗素早就指出的那样,因果关系不包括在宇宙的基本设备(fundamental furniture)之中。(参见 Russell, 1913)不管是产生式的因果理论,还是依赖式的因果理论,都是随附于更基本的物理事实的。对于一个物理主义者而言,这样的事实应该是基本物理法则和基本物理属性例示的总和。

其次,即使我们承认真实的因果理论像金在权所表述的那样,我们仍不能理解因果排斥原则为何成立。其关键之点是,在金在权所说的产生式因果理论下,我们对因果充分性进而对因果排斥原则都应该做出修正。因果充分应该是指:对于在时间 t 发生在地点 R 的事件而言,只有在以 R 为圆心的 1 光秒半径内、t−1 秒时刻的差不多所有宇宙状态,才对其是因果充分的(causally sufficient)。进而,排斥原则也被修正为:对于一个事件来说,不存在占有同一时空域的两个不同原因。如果我们严格坚持产生式的因果理论,t−1 时差不多所有事件才对 t 时 R 上的事件而言是因果充分的,基本不会存在心物过度决定情形。

金在权对此的回应是:首先,因果性没有在基础物理学规律中被提及,或"原因"这个词没有出现在对这些规律的表述中,并不代表因果概念在物理学中是缺席的。它可能出现在我们对这些规律的理解和解释尤其是解释背景中。其次,产生式因果概念并不随附于基本物理法则和基本物理事实。我们看到,时间的方向性或时间轴也许是产生式因果概念的构成要素,它并不随附于基础物理学。最后,关键之点是,金在权在强调能量流动或动量传递时,并不是建议因果关系应该通过这些特定的物理现象来进行概念性分析。他的真正意思是:产生式的因果性,应该通过能量流动或动量传递,来实现于(be implemented/realized)这个世界或其他法则学相似的世界中。

(3) 我们也许能既坚持产生式的因果理论,又能同时使因果排斥原则失效。贝内特曾简单地提示过一种可能的反驳(参见 Bennett, 2009: 294),其关键之点是利用了舒梅克式的实现概念,这种实现观认为,心灵属性的因果力是其实现者因果力的子集。当一个事件是另一个事件的"部分",以至于一个较小的事件可能是它们组成的大事件的有因果效力的"内核"时,大事件的其他部分是因果无能的。这样,它们对于一个共同的结果可以都是因果充分的,但却不是过度决定情形。

金在权没有回应这个反驳,但根据他对舒梅克子集实现观的反驳,不难设想他可能的回应。暂先忽略贝内特论述中事件构造上的模糊和可疑之处,比如一个心灵事件如何成为一个物理事件的"部分"。一个最直接的回应就是,舒梅克应该把其对实现概念的规定修改为:心灵属性的因果力是其实现者因果力的非空子集。因为因果力空集意味着因果无效力,但它却是任何因果力集合的子集。实现定义修改后的一个直接结果是:一个大的事件不可能包含一个无因果效力的部分。

以上是对金在权产生式因果理论及其基本问题的介绍。笔者认为,排斥论证要想发挥出它尽可能多的论证力量,预设产生式因果理论比其他因果理论更为可行,但据此并不足以说明它作为排斥论证的因果预设就毫无问题。在以上金在权的论述和对质疑的回应中,我们更多地看到的是这种因果理论适合于作为心灵因果的基础,至于其因果力作用机制等问题则还有待更多的阐发和细化。

第四章　应对因果排斥论证的事件、属性理论策略

第一节　推广论证与因果泄漏

一、因果排斥在特殊科学问题中的推广

在很多非还原物理主义者心目中，心灵因果问题只是特殊科学中因果问题的一个特例。我们看到，在第一章第三节中福多的非还原物理主义理论，主要是从对特殊科学问题中自然类因果力的讨论展开的。这样看来，因果排斥论证作为对非还原物理主义立场的归谬论证，其结论似乎不仅仅局限于心灵因果问题，而且也应该可以推广到特殊科学问题的讨论中去。但一旦心灵属性的因果效力被物理属性所排斥的结论得以推广，我们似乎只能得到这样的结果：特殊科学中的属性（生物属性、化学属性等）没有因果效力，因为它们的因果效力会被基础物理属性所排斥。这显然有违我们一般人的科学直觉，大多数人应该都难以接受在化学反应、生物过程、经济规律中所涉及的属性沦为副现象的图景。因此，因果排斥论证是错误的。

上述这种反对排斥论证的思路看起来相当简单，但却难以反驳。值得注意的是，它并没有反对排斥论证的特定前提，甚至都没有质疑论证中暗含的形而上学假设。它仅仅是指出，只要把因果排斥的思路一以贯之地推广到特殊科学领域，就会得到看似荒谬的结论。依据这种思路来构造的反对因果排斥的论证，就是所谓的"推广论证"。我们看到，推广论证可被看作排斥论证的一个归谬论证，或者，它至少应被视为揭示了一个事实：排斥论证证明了过多的东西。

当然，不同的非还原物理主义者所构造的具体论证的侧重点和形式有所不同。例如，伯奇和贝克着重指出，推广排斥论证所得出的结论有违我们的解释实践，其根源在于排斥论证预设了错误的形而上学，关于这点我们在下

一小节中还会详细讨论(参见 Burge，1993；Baker，1993)。布洛克也赞同上述观点，但他更加侧重于指出，因果排斥原则及其暗含的各层因果竞争的直觉是错误的(参见 Block，1997；Block，2003)。在对推广论证的表述中，贝克、古利克和布洛克都强调了微观属性排斥宏观属性发挥因果作用的可能性。这显然是在一种层级世界观的理论背景下来讨论问题(参见第一章第一节)，层级世界观认为世界具有一种按由低到高的层级秩序而排列的结构。在层级世界观中，按照这些哲学家的理解，因果排斥论证暗示了只有微观物理层才具有真正因果效力的图景，这显然是有问题的。

然而，布洛克对排斥论证的质疑并没有就此止步，他认为金在权的讨论中暗含了以下两个问题：

> 第一，难以置信的是：不存在心灵的因果作用，不存在生理的因果作用，不存在分子的因果作用，不存在原子的因果作用，而只有存在于最底层的物理因果作用。第二，难以置信的是：如果物理中的最底层不存在，那就根本不存在因果作用(Block，2003：138)。

我们看到，布洛克的论述是推广论证的进一步深化。在他看来，排斥论证(主要是因果排斥原则)使得因果力沿着世界的层级结构逐层向下泄漏，这种因果泄漏直到物理世界的最底层——基础粒子层——才会止住。更为严重的是，如果物理世界本身不存在最底层，或世界的层级是无限可分的话，那么就根本不存在任何因果作用。这就是布洛克"因果泄漏论证"的基本思路。这显然是推广论证思路的延续，但与之不同的是：因果泄漏论证不但断言因果排斥将导致特殊科学属性不能发挥因果作用，它甚至还宣称因果作用本身都有可能是不存在的。

我们看到，因果泄漏论证的论证力量似乎在很大程度上与物理中是否存在最底层的基本粒子这一事实密切相关。但这显然是一个关于经验科学的开放性问题(open question)。例如，很多物理学家都相信所谓的"标准模型"(Standard Model)，即物理最基础的层级具有由六个夸克(quark)、六个轻子(lepton)和六个玻色子(boson)等十八个基本粒子所构成的结构。但也有很多物理学家对此持有异议，他们认为所谓的基本粒子还可以被划分为更小的实体，标准模型也很可能不能刻画最基础物理层的自然规律。在这里值得注意的是，布洛克并没有选择站在上述争议中的任何一方。如果那样的话，因果泄漏论证就将高度依赖于特定物理理论的发展，甚至未来的经验证据。因此，布洛克采用了一个相当灵巧的策略。他认为，对于物理基础层是否存在，这是一个开放性问题；但对于因果关系是否存在，却从来都不是一个开放性问题。因此，两相比较之下，即使我们难以确定物理世界是否有最底层，我们都可以断言排斥论证是错误的。因为排斥论证的最终推论将是，因果关系的存在与否还是一个开放性问题。借用布洛克的这个例子，我们可以更容易地看出问题的所在。试想这样的情形，当肺癌患者将著名的雷诺烟草公司告上法庭时，如果辩护律师要用排斥论证式的直觉为雷诺公司加以辩护，那他很可能会说，吸烟是否会导致癌症将取决于物理世界是否存在最底层。这显然是荒谬的，因此排斥论证的直觉是错误的。

二、金在权对推广论证的消解策略

推广论证及其后继的因果泄漏论证的思路是相当简明和直观的，但是要对其加以反驳却未必容易。事实上，这也是金在权自己最着力应对的一个反因果排斥的论证。他对推广论证的消解主要有三种策略，以下将按这些策略的逻辑顺序（而不是提出它们的时间顺序）加以介绍。第一种策略主要出现在金在权 2003 年后的一系列文章和著作中。其中，他认为推广论证误解了排斥论证的目标，以至于推广论证进行得越彻底，排斥论证成功的可能性就越大。后两种策略在金在权 1998 年的《物理世界中的心灵》中有集中的论述，并在《差强人意的物理主义》中有补充说明。第二种策略旨在说明，微观—宏观关系是对心身关系的不恰当类比，进而他澄清了真正的因果力所存在的层面；而最后一种策略与之类似，主要是为了应对排斥论证推广至特殊科学属性的情形，并最终划定这种推广应该止于某类属性。下面我们就具体来看这三种策略。

第一，金在权强调了排斥论证是对非还原论的归谬，因此推广论证应该是对还原论的推广。在第二章中我们看到，排斥论证可以有不同的构造方式，并且即使在同一种构造方式下，也可以有不同的解读方式。当排斥论证作为非还原物理主义立场的归谬论证时，非还原物理主义者为了摆脱被归谬的境地，通常被迫在还原论和心灵副现象论中做出抉择。这时，不难看出，金在权认为可取的解决方案是物理还原论，而布洛克则认为排斥论证的哲学意蕴是非还原物理主义将导向副现象论。如果对后一个结论加以推广，那么特殊科学属性就理应也相当于副现象了，甚至因果力也会有泄漏到基础物理层或流逝于无形的危险。为了堵住因果泄漏的道路，金在权强调，就其自身的哲学旨趣而言，他的论证的真正目的不是去揭示心灵是副现象，也不是去显示心灵因果关系将被物理因果关系所消除，而是将心灵因果关系还原为物理因果关系。(参见 Kim，2005：54)虽然心灵副现象论也可以作为一个选项，但金在权认为这会有暗含心灵非实在论之嫌，因此这不能是真正的物理主义者应该选择的立场。仅就推广论证反对各个层级中属性的副现象论这一点而言，金在权对其立场是完全赞同的，但他不赞同的是后者最终的副现象结论。金在权认为，拒斥副现象论的推论贯彻得越彻底，就越彰显排斥论证的正确。在他看来，推广论证实际上恰好弄错了排斥论证应被推广的方向。最终，如果排斥论证的结论可以推广，那也只能是其物理还原的思路被推广，这样我们所得到的图景就应该是：生物学中的因果作用、化学中的因果作用甚至经济学中的因果作用都将最终被还原为物理因果作用。

关于上述物理还原论图景，还有两点值得注意。首先，这并不能被视为对物理主义还原论立场的充分辩护，选择了(也许是不得不接受)物理主义还原论并不足以说明该立场本身是正确的，后者还需要独立的论证来支持(参见 Kim，2005：55)。其次，非还原物理主义者可能会诉诸"多重可实现性"来拒斥还原，但我们应该清楚地认识到，这与关于推广论证的讨论是两个独立的问题。并且，前文我们已经探讨了金在权对于"多重可实现性"的认识，他最终也是将其理论后果归结为局部的功能还原图景。因此，诉诸"多重可实现性"并不是一条可行的道路。

第二，金在权通过对"层"(level)和"阶"(order)的区分将因果排斥限制于同层之中，以破除身心关系与微观—宏观关系的不恰当类比。在这个策略中，金在权实际上是对由实现关系和由随附关系构造的排斥论证分开来进行讨论的。由实现关系构造的论证情形较为明显，因为通常认为，正是实现关系产生了各层的分级排列，而因果力沿着这些层级向下泄漏正是推广论证所担忧的问题。据此，金在权认为，首先，我们可以持有以上立场，但应该一开始就要明确的是，功能属性与实现者之间的关系与微观—宏观的层级关系并不是同一种关系。我们是在功能主义的语境中来谈论"实现"的，功能属性通常被认为是相对于实现它的基础属性而言的一种二阶属性，而后者正是通过其实现者所扮演的因果角色来刻画的。这样看来，"阶"通常被用来表示属性之间的相对级别差异(比如，"疼"相对于实现它的某个神经属性而言是二阶属性)，而"层"则通常被用来表示事物被分解到的某个断面，它们是处于不同概念框架下的两类范畴。其次，我们所谓的二阶属性及其实现者，就微观—宏观的层级划分而言，通常处于同一层上，它们都是同一对象的属性。这样，因果排斥就仅应限制于同一层之中。这意味着，只有同层之间而没有跨层的因果排斥，因为不同阶之间的关系不能类比于微观—宏观之间层的关系。

但这时我们可能还会产生这样的疑惑：那这两种关系会不会恰好重

合呢,以至于因果力在不同阶之间的泄漏仍然相当于在不同层之间的泄漏?金在权似乎考虑到了上述问题,所以他参照阿姆斯特朗的"结构性属性"(structural property)定义了所谓的"基于微观的属性"(micro-based property),并认为同层之间的因果泄漏最终止于这类属性。其定义如下:

> P是一个基于微观的属性,仅当它可以被完全分解为互不重合的真部分,a_1,a_2……a_n,以致$P_1(a_1)$,$P_2(a_2)$……$P_n(a_n)$,并且$R(a_1……a_n)$。(其中,P为各构成部分的属性,R为各部分间的关系)(Kim,1998:84)

基于微观的属性并不是微观属性(micro property),前者相当于这样的属性,其本身已是宏观属性的最底层,而其以下就是微观属性层。基于微观的属性就是各微观组成部分、各部分的属性及其相互关系的配置(configuration)。需要注意的是,由于微观—宏观的划分也是相对的,因此,不同的层(生物层、化学层等)会有各自的基于微观的属性。由于基于微观的属性仍是宏观属性,所以因果力无论如何也不会泄漏到微观层。

清楚了基于微观的属性的范围,随附情形的推广论证就容易说清楚了。不同于实现关系,微观物理随附、部分论随附(mereological supervenience)似乎暗示了随附基础就是微观属性或关系。金在权在这里澄清道,实际上随附基础就是基于微观的属性,是包含了微观部分、它们的属性和相互关系的配置本身。这样,在随附情形中,因果力仍没有可能泄漏到微观层。

但也许布洛克不会满意这样的应对方案,他认为金在权的策略除了依赖于过于特设的"层"和"阶"的区分之外,一个关键之点是所谓的"无尽的助生"(endless subvenience)现象依然存在。即,只要随附关系是通过属性的(必然)共变来定义的,一个无限后退的助生序列仍然可以突破微观—宏观的界限直达物理最底层或一直后退下去,至少正是用来堵漏的基于微观的属性集可以构成这条无尽的随附序列,因果力仍然流失了。关于最后的一点,布洛克虽没有明确指出,但金在权还是注意到了存在的问题(参见 Kim,2005:59)。

笔者认为,金在权对这个问题的应对并非完全有效。即使金在权诉诸了基于微观的属性,但众多基于微观的属性本身仍然可以构成一个无尽的随附序列,因果力因此还是流失了。金在权对此的回应,是指责布洛克等非还原物理主义者从一开始就没看到随附属性和随附基础因果力之间的张力。具体地说,就是诉诸因果力运行机制的争执:是坚持因果继承原则,还是坚持因果力可以在各层流动的自主策略。但这实际上相当于退回到了双方原初的立场分歧,这样的争论注定难有结论。此外,还有另一个问题遗留了下来:

即使我们认为微观—宏观的类比问题可以最终得到解决，然而排斥论证能否推广至特殊科学属性这一问题依然存在。这将是第三个策略所面对的任务。

第三，金在权试图凸显特殊科学属性与心灵属性之间的根本区别，以此堵住把排斥论证推广到特殊科学领域的路径。在考察特殊科学属性之前，不妨来看因果力能够逐层泄漏的条件。金在权认为，如果因果力可以泄漏，一个必要条件就是：属性当前所处的层不是因果封闭的。只有该层在因果作用或因果解释上是不完全的，才会有诉诸其他层原因的可能。（参见Kim，2005：67）根据这种解释，首先，无穷后退式的推广在很大程度上被止住了，因为那有可能意味着物理因果封闭永远无法实现，或至少难以得到说明。其次，非物理主义者会将"物理"的外延定义得相当狭窄，使得几乎只有基本粒子层是物理领域。其结果是使得因果力看上去一直在逐层向下渗漏，从生物层、化学层等一直渗漏到基本粒子层为止。反之，金在权对物理的定义虽然不是完全定义，但是范围却宽广得多，他一定程度上将很多特殊科学属性也纳入其中。金在权在讨论物理的三个封闭条件时认为，任何由物理实体聚合而成的实体，任何基于微观的属性，以及任何定义在物理属性之上的二阶属性都是物理的。（参见Kim，1998：114-115）只要承诺以上三个条件，不难看出，生物属性、化学属性显然都可还原为物理属性，那它们就属于同一类因果力，泄漏问题就不复存在了。即使不赞成上述条件，转而坚持特殊科学的自主性，即认为生物、化学等不能还原为（同时也不能功能还原为）物理学，那也很难把因果泄漏推广到所谓由标准模型刻画的最底层上去。因为，我们很难否认分子层和原子层不能还原为基本粒子层，多重可实现论证也基本不会涉及这个区域。

因此，只要坚持非还原性是排斥论证可以推广的条件，推广论证所描绘的就很有可能只是一幅范围相当有限的图景。实际上，根据金在权的理解，排斥论证只能推广到那些既不能被还原又不能被功能化的层里面的属性，即那些类似于意识感受性质的属性。这样，即使推广论证没被彻底驳倒，其应用也会被限制在一个相当狭窄的范围内。

第二节 解释排斥与事件的本体论策略

一、解释实在论与外在的个体化标准

解释排斥原则是金在权在20世纪80年代末提出并在一系列文章中捍

卫过的重要原则。(参见 Kim, 1988; Kim, 1990a; Kim, 1993a)其内容是：任何事件都不能被给予多于一个的完全和独立的解释。然而,这条金在权心目中因果排斥原则的"伙伴原则"(参见 Kim, 2005：17),似乎并未像前者那样备受关注和争议。

这可能是出于以下两种完全不同的原因。大多数人认为,解释排斥与因果排斥的对应关系是显而易见的,并不存在关于解释排斥原则的特殊问题,金在权近来将二者并称为"因果—解释排斥原则"就是其例证。而少数人认为,解释排斥根本就是不能成立的原则。其中,戴维森直斥其为混淆因果解释与因果关系的奇怪原则(参见 Davidson, 1993：16),而像伯奇(参见 Burge, 1993)和贝克(参见 Baker, 1993)这样的解释主义者则着重指出该原则违背解释实践,以马拉斯(参见 Marras, 1998)和吉布(参见 Gibb, 2009)为代表的作者则主要是质疑这条原则的形而上学预设。这些质疑意见的关键之点在于：对于同一原因事件,我们显然能给出不止一种描述,这意味着我们对于结果可以做出多重解释(multiple-explanation)。因此,应该放弃解释排斥原则,或至少要对其加以修正。

笔者认为,在金在权的事件本体论中还有可以挽救该原则的资源。在厘清金在权解释实在论基本立场的前提下,笔者将借鉴由摩尔(参见 Moore, 2009; Moore, 2014)等人提出的一种可能的策略——构成性属性应对(constitutive property reply),来探究该原则的有效形式。最后将表明,金在权事件理论原先面临的事件再描述(re-description)问题与这里的多重解释问题在本质上具有相似之处。随后,笔者将依据事件的构成性属性来重新构造解释实在论以及解释排斥原则,并且指出通常理解的解释排斥原则很大程度上是依据事件所例示的属性来构造的,实际上这是两个不同层面的解释问题。最后,在指出新版本的解释排斥原则的合理性的同时,也表明其还存在局限性,仍然难以完全满足我们直觉上对解释的期待。

解释实在论(explanatory realism)是金在权讨论解释问题的基本理论背景,也是其联结解释排斥与因果排斥的主要依据。所谓解释实在论,是指在解释项和被解释项的命题或陈述后面,总有与之一一对应的客观事件,即解释项关系(explanans relation)下总有与之对应的解释关系(explanatory relation)。与之相对,如果在解释项和被解释项之间存在的仅是某种"内在的"关系,比如命题间的逻辑、概念或认识论的关系,那么金在权会将其视为解释的非实在论。在他心目中,亨佩尔的 D-N 模型和像伯奇和贝克那样把解释作为因果关系基础的立场就是典型的解释非实在论的代表。

假设 C、E 是不同的陈述,c、e 是它们分别对应的事件,而 R 为某种确定

的客观关系,那么解释实在论就具有如下形式:

ER：C 要成为 E 的解释,仅当 c 和 e 处于 R 中。

由 R 联结的 c 和 e,构成了由 C 和 E 组成的解释的客观内容。而 C 是不是 E 的正确解释,就在于二者之间的解释项关系是否准确描绘了事件间的解释关系 R。显然,在因果解释中,R 就是因果关系。不难看出,当因果解释中的解释关系是客观的实在关系时,就必然要求某种形式的因果实在论。金在权认为,因果实在论意味着"每个事件都有一段独特和确定的因果历史,其特性完全独立于我们对它的表征"(参见 Kim, 1988：235)。这样,金在权实际上是将对心灵因果—解释问题的探讨置于一个全局实在论的背景之下。不难看出,解释实在论确保了解释排斥与因果排斥的对应关系,解释排斥本身并不蕴涵因果排斥,而只有当预设了解释实在论时,这种蕴涵关系才能成立。

在解释实在论背景下,金在权认为,一种自然的解释个体化方式就是诉诸被解释关系所联结的事件。假设两个不同的陈述 C1 和 C2 都是陈述 E 的解释,C1、C2 是相同的解释仅当它们所对应的事件 c1、c2 相同,且 c1、c2 与 E 所对应的事件 e 处于相同的解释关系 R 中。这被马拉斯等人称为外延的(extensional)解释个体化标准,可能更准确的表述应为"外在的"(external)解释个体化标准。因为在解释实在论背景下,两个不同的描述或两个逻辑上不等的命题都可以因表征了相同的解释关系而被认为陈述了同一解释。

厘清了解释实在论立场之后,我们再来看在此基础上构造的解释排斥原则。金在权认为解释实在论是适合于解释排斥原则发挥作用的立场,但并不能认为解释实在论本身就蕴涵了该原则。(参见 Kim, 1993a：259)金在权在考察了 C1、C2 相等、依赖等各种情形后,得出如下解释排斥原则:

EE：任何事件都不能被给予多于一个的完全和独立的解释。[①]

之后,金在权又以此原则作为核心前提建构了解释排斥论证,使得心理解释被物理解释所排斥,其过程在此就不再赘述,我们先转入评论者们对该原则的主要批评。

---

① 也许有人会注意到,我们对因果排斥原则的通常表述是:"一个事件不能有多于一个的充分和独立的原因,除非是处于系统的因果过度决定情形之中。"这似乎与上述解释排斥原则在构造形式上有不对称之处。对这个问题的探讨将涉及金在权对解释的"完全性""独立性"和解释的"过度决定情形"的理解。限于主题和篇幅,本文不再继续对这个问题加以展开。

二、多重解释与因果相关属性

不难看出,金在权的解释实在论显然会蕴涵日常直觉中难以接受的理论后果,我们将面对很多不符合解释实践的问题。不妨以下面这类熟悉的例子来看这个问题,假设英镑升值是制造业增长放缓的原因,而今天的《泰晤士报》头版对英镑升值的情形做了报道。那么我们将得到以下解释:

P1:英镑升值导致了制造业增长放缓。
P2:今天《泰晤士报》头版所报道的事件导致了制造业增长放缓。
P3:导致制造业增长放缓的事件导致了制造业增长放缓。

我们看到,在以上对制造业增长放缓的解释中,三个解释项都具有相同的外延,但通常会认为它们的意义和内容是不同的。就 P2 而言,可能有人完全理解《泰晤士报》上的有关报道,但却不知道这是制造业增长放缓的原因,或用戴维森的术语说,仅仅是将结果置于原因的语境中,很难说这解释了什么。P3 琐屑地为真,但因其解释内容是空洞的,也很难会被视为一个解释。以金在权的解释理论来看,三个解释项都对应于相同的现实中的事件——英镑升值,因此应该被视为同一解释。这就是所谓的多重解释问题。我们发现,金在权的解释实在论很难应对这样的情形。它似乎难以区分一般人认为的不同的解释,甚至要辨别一个陈述是不是解释都很困难。马拉斯对此曾评论道,因果关系很有可能像因果实在论所宣称的那样,独立于我们用以表征它的任何概念手段,但要假设解释也具有相似的独立性就相当奇怪了(参见 Marras,1998:443)。据此,他认为解释实在论是一个过强的论断。但是如果我们要保留解释实在论这个基本预设,又应当如何应对上述问题呢?

多重解释情形显然凸显了解释具有内涵性的一面,即解释与其被描述的方式密切相关。一种自然的策略是,我们似乎应该放弃外在的解释个体化标准,转而采纳某种内在的或内涵性的标准。比如两个陈述 C1 和 C2 都是陈述 E 的解释,C1、C2 是相同的解释仅当它们意义相同,并且处于相同的解释项关系中。此外,正如吉布所指出的,这还需加上如下语义学规定:同义陈述指称相同的事件,非同义陈述指称不同的事件,进而像陈述中的谓词和事件中的属性之间也要有某种一一对应的关系(参见 Gibb,2009:213)。这使得论证的负担落在了语义学规定一方,然而,这样的规定显得太过于特设,例如海尔(John Heil)对属性与谓词的一一对应就有过一系列令人信服的质疑

(参见 Heil，2003)。但如不做此语义学规定，只依靠内在的解释个体化标准的话，又会容易危及 EE 的合理性。

另一种更有说服力的策略是转向事件的本体论。我们看到，目前关于解释实在论的论述并没有承诺某种特定的事件理论，甚或还更近似于戴维森式的事件表述。金在权认为，无论我们怎样对原因和结果进行个体化，都不会造成任何影响，我们都面临相同的解释排斥问题(参见 Kim，1990a：41)。然而，马拉斯很早就发现，解释实在论并非对各种事件理论都是中立的，既然解释项关系联结的是命题，这就暗示了进入解释的应该是属性或事件类型。进而，类似于因果关系讨论中的"作为因致"(quausation)，要使一个因果陈述是解释性的，就是要用那些对于结果而言是相关的属性来使原因个体化。虽然金在权在对戴维森的心灵因果关系和行动解释的批评中很早就意识到了这一点，但他显然没在解释理论中贯彻它(参见 Marras，1998：445)。现在，如果把金在权作为属性例示的事件观加入考察，假设 F 和 G 是两种不同的属性，那么 ER 就应该修正为：

ER*：C 要成为 E 的解释，仅当 c 和 e 处于 R 中，且 c 所具有的 F 导致 e 具有了 G。

根据上面的分析，如果 C 是 E 的解释，那么 F 对于 e 具有 G 而言就应该是因果相关的。也许更细致的分析还应包括，F 所对应的 C 中的描述或谓词对于 G 所对应的 E 中的描述或谓词是解释相关的，但这显然会面临很多技术上的困难。首先，要说明属性与谓词的对应关系，又需做出相当复杂的语义规定；其次，一般认为解释是兴趣敏感(interest-sensitive)且具有意向性的，那么如何理解和界定"解释相关"就显得非常困难。因此，为讨论的简便起见，本文主要从属性的因果效力层面来探讨解释问题。现在借助 ER*，我们重返多重解释问题，不妨来看如下常见的例子：

P4：布鲁图斯杀了凯撒，卡普尼亚悲痛欲绝。
P5：布鲁图斯行刺凯撒，卡普尼亚悲痛欲绝。
P6：布鲁图斯用匕首行刺凯撒，卡普尼亚悲痛欲绝。

可以看到，如果说"杀了"和"行刺"所挑出的是不同的因果相关属性的话，那么 P4 和 P5 将被视为不同的解释。而如果"行刺"和"用匕首行刺"所挑出的是相同的因果相关属性的话，那么 P5 和 P6 会被视为相同的解释，即使

P6 比 P5 传达了似乎更多的信息内容。较之依据 ER,P4、P5 和 P6 都可能被视为同一解释,目前我们在处理多重解释问题上似乎有了很大进步。但假设有的批评者还是不满意,他们会说,"杀了"和"行刺"也许是不确切或不完整的描述,但它们完全可以像"用匕首行刺"这一描述一样挑出相同的因果相关属性,那么即便接受 ER*,P4、P5 和 P6 还是有可能被视为同一解释。这样,解释实在论又再次面临多重解释的问题。此外,从另一方面来看,如果认为描述"行刺"和"用匕首行刺"挑出了相同的因果相关属性,那么"用匕首行刺"所挑出的属性似乎并未对"卡普尼亚悲痛欲绝"提供因果解释。借用坎贝尔的术语,这是一种解释副现象论(explanatory epiphenomenalism)(参见 Campbell,2005:448)。

这样看来,接受 ER* 似乎仍存在很多问题。首先,在我们关于"通过某事件所具有的属性"和"例示某属性"的理解中,还存有模糊不清之处。其次,这里面显然存在事件与描述、属性与谓词之间的语义学对应问题。但如前所述,本文并不准备提供这样的语义学规定,而只从事件的本体论方面来考察可能的应对策略。我们将看到,如果再更进一步地深入金在权式的事件结构内部,仍有理论资源可以用来完善对解释实在论和解释排斥原则的构造。

三、构成性属性策略与解释排斥原则

具体说来,金在权式的事件是一个三元的结构复合体。在他看来,一个事件是某个实体在某一时刻对某种属性的例示。任何事件都有以下三个构成要素:一个实体(即事件的构成性对象)、该实体所例示的某种属性(事件的构成性属性)和某个时刻。如果我们用[x, P, t]来表示一个事件,其存在性条件和同一性条件就是:

存在性条件:事件[x, P, t]存在,仅当实体 x 在时刻 t 具有属性 P。
同一性条件:[x, P, t]=[x, Q, t'],仅当 x=y, P=Q, t=t'。

其中,构成性属性又被称为属事件(generic event),因为对其例示就会产生相同类型的事件;反之,如果属事件不同,事件本身的类型也就不同。因此,能被称为构成性属性的,必然是那些内在的关键属性。值得注意的是,金在权在最初对构成性属性的阐述中就加入了关于因果力和解释的考量。他认为:"构成性属性似乎正是那样的属性,其给予了拥有它们的对象一种因果

力或因果潜能。"此外,他还认为:"它们(构成性属性)相对于理论而言,属于重要的属性之列,通过它们我们能够发现、描述和解释法则状的规则。"(参见 Kim,1993a:37)我们看到,金在权的构成性属性既是事件的关键性结构要素,又是事件因果效力的来源,并且只有凭借它们,我们才能对事件做出解释。

通过前一节的分析,我们看到,事件是通过因果相关属性来进行解释的。那么,一个自然的想法是,金在权的解释理论与其事件理论应该有着某种内在的联系,前文所指的因果相关属性就应该是事件中的构成性属性。这就是由摩尔、坎贝尔等人提出的"构成性属性回应"的思想主旨(参见 Campbell,2009;Campbell,2014;Moore,2009;Moore,2014)。摩尔认为,金在权一直对解释排斥原则未加修正和放弃的原因,就在于在他的理论体系中有抵御批评的资源,他在20世纪70年代关于事件理论的论述正是这样的资源(参见 Moore,2009:215)。

实际上,这种认为构成性属性就是我们用来进行解释的因果相关属性的想法,还有其他内在优点。其中最显著的线索就是,事件的再描述问题也许能为解释实在论所面临的多重解释问题提供某种解决思路。金在权的事件理论提出之后,最大的争议就来自事件的再描述问题,由于谓词甚至动词都能挑出事件中的构成性属性,那么自然就会有这样一种担忧:只要我们一对事件进行重新描述,事件的数目就会增加。再借用前面"布鲁图斯行刺凯撒"的例子来看,是不是当我们把事件描述为"布鲁图斯用匕首行刺凯撒"之后,就会得到一个新事件呢?因为该新事件的构成性属性已是一个由描述"布鲁图斯用匕首行刺凯撒"所挑出的新属性。进而,如果再把事件描述为"布鲁图斯在元老院用匕首行刺凯撒""布鲁图斯用匕首奋力行刺凯撒",等等,对于同一事实我们将得到更多的事件。金在权对此的应对是:将事件例示的属性与事件的构成性属性严格区分开来。其中的关键之点就在于指出,前者是事件自身例示的属性,而后者是事件的构成性对象所例示的属性,二者不是一个层面上的属性。因此,"在元老院"是构成性属性为"布鲁图斯对凯撒的行刺"的事件自身所例示的一个属性。金在权据此评论道:"事件可以通过表述其所具有的(或例示的)属性而被重新描述;我们所不能做的是,通过更改它们的构成性属性来对其加以重新描述。"(参见 Kim,1993a:43)这相当于说,当我们重新描述一个事件时,只要不涉及构成性属性,无论怎么改变对事件的外在描述,该事件都不会因此而发生变化。至于上面例子中诸如"用匕首""奋力"这样的谓词修饰语,金在权认为其主要作用在于指示(indicating)属性,即指示了那些由"行刺"指称的属性构成的事件自身所具有的那些属性

(参见 Kim, 1993a: 44)。

上述对事件的构成性属性的分析,能否对我们应对多重解释问题提供帮助呢？我们不妨根据构成性属性策略来再次修正金在权的解释实在论,这样我们得到：

> ER**：C 要成为 E 的解释,仅当 c 和 e 处于 R 中,且 c 所具有的构成性属性 F 导致 e 具有了构成性属性 G。

可以认为,ER** 是对 ER* 中所涉及的属性类型做进一步具体界定的产物。ER* 由于对构成性属性和事件例示的属性未加区分,造成我们在判定解释异同时还有模糊之处,而借助 ER**,上述判定就会清楚得多。这样,P4 和 P5 会被视为不同的解释,因为描述"杀了"和"行刺"挑出了不同的构成性属性。而 P5 和 P6 则被视为相同的解释,因为描述"行刺"对应着相同的构成性属性,而"用匕首"仅仅是指示了由前者构成的事件所具有的(或例示的)某种属性。因此,不难看出,根据 ER** 我们能更好地判定解释的异同,较之以前更好地应对了多重解释的问题。

然而,如果深入考察,较之 ER、ER*,ER** 也存在一个很大的局限性、如果接受 ER**,我们解释实践的范围无形中就被大大缩减了。试想,在金在权的事件观下,我们将属性区分为属于事件内部结构的构成性属性和事件自身例示的属性,而根据 ER**,我们借以进行解释的只是构成性属性,而诉诸事件本身例示的属性的解释实际上就被排除了。比如,当我们说"布鲁图斯在元老院用匕首奋力行刺凯撒"时,只有"行刺"挑出的构成性属性具有完全的解释效力,而"在元老院""用匕首"和"奋力"所挑出的属性仅仅是指示了行刺事件的发生方式,如果不是解释副现象的话,本身至多只能说具有较弱意义上的解释相关性。之前金在权在用构成性属性应对事件再描述问题时,实际上在某种程度上已预见到了这个问题,关于上述那些谓词修饰语的解释角色,他评论道："我们要解释的是一个特定的事件为什么具有一种特定的属性,而不是一种特定的属性为什么发生。"(参见 Kim, 1993a: 45)把该评论放在我们当前的讨论语境中看,虽然这主要是关于被解释项的,然而对于解释项也同样适用。在 ER** 中,我们实际上是用某个对象或实体所具有的属性,而非某个事件所具有的属性来进行解释。虽然可以说,事件所具有的属性在某种意义上也进入了解释关系,但它只不过是在发挥指示事件发生方式的作用而已。

最近,摩尔对构成性属性应对提出了一系列激烈的批评,认为该策略看似完美,实则难以发挥作用。其批评的关键之点还是在于界定构成性属性的困难。[1] 金在权曾把事件的构成性属性称为事件的内在属性,这显然是相对于事件的结构而言的。摩尔对此提出质疑:那像现象属性、功能属性这样的属性又该如何界定呢? 比如,像"蓝色"这样的现象属性,也许其本质就在于它在我们看起来是什么样子(what it is like)这样的"外在"层面。再退一步,即使像金在权这样对感受性质持功能主义理解的人,还是会面临这个问题。比如,功能属性在何种意义上可以被视为内在属性? (参见 Kim,1993a:216-217;参见 Moore,2014:14-15)这些问题包含了不同的甚至相互冲突的直觉,我们很难期待在一个事件理论中能完全应对上述质疑。除此之外,金在权也考虑过构成性属性是否蕴涵了本质主义的后果,但金在权只倾向于接受事件本质上是理论认为其所是的那种结构复合体,对于是否所有事件结构都有其本质构件仍持保留态度。(参见 Kim,1993a:49)不难发现,摩尔的批评虽然表面上针对的是构成性属性应对,但其最终关心的还是解释排斥原则。这样,在探讨构成性属性应对的理论意蕴之前,不妨先根据 ER**,来构造一条新的解释排斥原则:

EE**:任何事件都不能被给予多于一个经由构成性属性建构的完全和独立的解释。

我们看到,ER** 似乎是相当适合于 EE** 的理论立场。此时,每个解释都直接指向结果事件的发生,而非结果事件中所具有的某种属性。EE** 的实际意思是,对于该事件为什么会发生,我们只能给出一个完全和独立的解释。首先,EE** 只关心那些关系到事件类型归属的根本解释,而无视那些对事件进行外在描述的解释,使得解释排斥作用的效果更加直观。其次,ER** 也保证了进入解释关系的都是具有因果效力的构成性属性,使得解释项关系与因果关系在结构上的对应更加明确。

虽然 EE** 是条普遍的且在本体论上中立的原则。但是当涉及我们尤为关心的心理解释时,我们也能发现 EE** 的独特影响。同 ER** 类似,EE** 也有相当明显的局限性。结合摩尔之前的批评,我们发现心灵属性不管是作为现象属性还是功能属性,如果它们不能被算作构成性属性的话,是不能进

---

[1] 摩尔的批评还关注事件的再描述问题,他认为,构成性属性在重新描述后,仍然有产生新事件的可能性,进而将难以应对多重解释的问题。但这显然已属于金在权应对再描述问题的另一个方向:既然认为对构成性属性的再描述会产生新事件,那就不妨认可事件数目剧增是一个自然的且可以接受的结果(参见 Kim,1993a:45)。本文不准备沿此方向去探讨事件的再描述问题。

入解释关系的,其效果相当于在构造解释排斥论证之前就提前进行了一次排斥过程。根据 ER**,要么诉诸这些属性的陈述不能被视为解释,要么它们都是认识论上空洞的陈述。然而,如果考虑到金在权排斥论证最终要达到的是一个物理主义还原论的立场的话,这未始不是一个好的结论。

通过上述考察,我们发现,金在权的解释实在论确保了解释排斥原则的成立,但其外在的解释个体化方式又使之容易招致来自多重解释问题的攻击。金在权的事件本体论,尤其是他对构成性属性和一般刻画性属性所做的区分,为我们应对上述问题提供了理论资源。同时,我们也得到了对解释实在论和解释排斥原则的更好刻画。但也应看到,由构成性属性本身而来的解释局限性也是一时难以消除的。用金在权的话来说,这也许就是其关于解释的实在论与由事件理论而来的宽泛的"建构主义"(constructivism)本体论立场之间的张力(参见 Kim, 2005: 12)。

第三节　特普理论与属性的本体论策略

一、基于特普理论的属性策略

戴维·洛布将关于属性的特普理论(trope theory)引入心灵因果讨论以来,为因果相关属性的探讨提供了一条重要路径。(参见 Robb, 1997: 178-194)洛布认为,传统意义上的"属性"这一概念具有含混性,而真正的因果相关属性只能被理解为"特普",事件因具有特普而具有因果效力。同时,基于特普而建构的新型同一论,既不存在因果排斥问题,又能兼容多重可实现性(multiple realizability)的直觉,具有很好的理论前景。自洛布之后,道格拉斯·埃林(Douglas Ehring)、约翰·海尔(John Heil)、西蒙尼·戈扎诺(Simone Gozzano)等特普论者相继提出自己的理论,使特普理论成为应对因果排斥问题的重要方案(分别参见 Ehring, 1997; Heil, 2003; Gozzano & F. Orilia, 2008)。

本节将主要探讨特普理论作为一种应对因果排斥问题的属性本体论方案的理论细节和可能问题。首先,在阐明特普理论的基础上,本节介绍特普理论对心灵因果问题的应对。其中,主要关注的是特普作为因果相关属性的策略对因果排斥问题的消解。其次,也会探讨特普理论对多重可实现性、"作为因致"等问题的处理。最后,将探讨特普方案存在的理论问题和有待澄清之处。

第四章　应对因果排斥论证的事件、属性理论策略

关于"特普"这一概念，很多哲学家将其思想追溯到哲学史上亚里士多德的"个别偶性"(individual accident)、洛克的"样式"(mode)等范畴，但它真正进入当代哲学的讨论则主要应归功于戴维·威廉姆斯(David Williams)的工作。(参见 Williams，1953a；Williams，1953b)借用特普理论家基斯·坎贝尔(Keith Campbell)的著名表述，当今大多数哲学家将"特普"视为"抽象的殊相"(abstract particulars)。(参见 Campbell，1990)这相当于在"抽象的共相"(abstract universals)与"具体的殊相"(concrete particulars)的传统区分之外找到了一条中间道路。至于共相在传统上所扮演的角色，特普论者往往通过特普间的"相似性"(resemblance)来加以解释。我们所谓的个体或具体殊相，一些哲学家认为，那只不过是由各个特普通过"共现"(compresence)关系结合而成的，即所谓的"束理论"(bundle theory)。不难看出，似乎可以通过特普建构起某种单范畴本体论，因此特普非常符合一些哲学家关于本体论经济性的理想。关于特普理论还有如下几点需要注意一下。

首先，特普是不可重复的，它们完全存在于特定的时空位置之上，或为单个对象所具有。比如，在共相主义者看来，苹果和夕阳都例示了红色的共相；而根据特普理论，只有谈论这个苹果此时的红色和那抹夕阳那时的红色才是合法的。

其次，由于不同的特普可以共享相同的时空位置，因此它们必须是抽象的。比如，在特普理论家看来，苹果红色的颜色、苹果圆形的形状都是具有相同时空位置的抽象属性。

再次，作为以上两点的推论，特普还具有"简单性"。(参见 Maurin，2002：12)即一旦认为苹果的颜色是那块特定的抽象红色时，我们就不能设想这块红色还有其他的颜色层面(aspects)。当我们说"深红"时，指的不是上述红的某个层面或构成部分，而就是指这一块或另一块红的特普。

一般而言，特普理论家主要关注的心灵因果问题有两类：一类是心灵因果作用在物理因果封闭下何以可能的问题。其中，最有代表性的例子就是所谓的"因果排斥问题"。另一类是原因是否能够通过其心灵属性发挥因果作用的问题。其中，有代表性的例子包括异常一元论是否是心灵副现象主义、心灵内容是否具有因果效力等问题。上述的第一类问题也被一些作者称为"心灵因果问题本身"(the problem of mental causation proper)(参加 Ehring，2011：136)。当然，针对第一类问题的特普解决方案也同样应当适用于对第二类问题的解决。因此，我们主要关注特普方案对因果排斥问题的应对。最简单的排斥论证构造方式，就是如下四条原则无法构成一个融贯的命题集：

(1) 因果相关：心灵属性具有因果效力。

(2) 因果封闭：如果一个物理事件在时刻 t 有一个原因，那么它在时刻 t 有一个充分物理原因（某个物理属性的例示）。

(3) 因果排斥：如果某个属性的例示对于一个事件来说是因果充分的，那么不存在与该属性不同的其他任何属性对于该事件而言是因果相关的。

(4) 差异性：心灵属性不是物理属性。

需要注意的是，我们在介绍上述原则时，预设了金在权式的作为属性例示的事件理论，即所谓的精细事件（fine grained events）。根据该理论，一个心灵事件 m 就是一个对象 o 在某一时刻 t 对某一心灵属性 M 的例示，这里的 M 叫作 m 的构成性属性。由于(2)被看作一个经验事实，而(3)又基本被视为一条分析真理，通常而言，最简单的应对策略就是否定(1)或(4)。否认(1)，相当于承认心灵属性的副现象主义。而否认(4)，则相当于宣称心灵属性也是一种物理属性。类型同一论是最为直接的应对方案，但其显然不符合我们通常坚持的"多重可实现性"的直觉。后者认为，同一心灵属性可以实现于不同的物理属性之中，因此该心灵属性不会同一于其中任何一个物理属性。应对上述因果排斥问题的特普方案认为，我们无须否认(1)—(4)中的任何一个前提，也无须更改其中预设的因果理论，我们只需澄清其中关于"属性"的理解。

在介绍了特普理论的基本内容之后，我们再来看其理论在应对心灵因果问题中的应用。在诸多特普策略中，洛布的方案最具有代表性。其理论的关键之点就是要我们认识到，通常所说的"属性"具有含混性。"属性"一般可作以下两种解读，且分别发挥着不同的作用：(1) 作为"共相"的属性。此种意义上的属性主要发挥着统一事体（unifying entities）的作用，也就是我们通常所说的"多中的一"（one over many）的作用。该解读还有一个唯名论的版本——"类"（class），洛布将它们统称为"类型"（type）。(2) 作为"抽象殊相"的属性，即"特普"。其作用主要有两类：一是对殊相进行刻画；二是作为因果关系中的因果相关属性发挥作用。一旦澄清了属性的两种用法，洛布就开始建构其所谓的"特普一元论"。该理论在很大程度上是戴维森异常一元论内在精神的延续。与戴维森类似，洛布同样承认所有心灵事件都是物理事件，且心灵类型与物理类型是殊异的。但与戴维森不同，洛布的理论还设置了特普这一层级的同一论。他认为，心灵特普同一于物理特普。（参见 Robb, 1997：187）

一旦清楚了洛布对属性角色的澄清，我们就不难发现上述因果排斥论证的四个前提可以构成一个一致的命题集。具体而言，在心物差异的前提下，应该采取对属性的第一种解读方式，即心物之间的差异，是心灵类型与物理类型之间的差异。而在所有涉及因果作用的前提下，应该采取对属性的第二种解读方式，即在因果关系中发挥因果相关作用的属性都是特普。这样，对特普版本的因果排斥论证就可作如下理解：

(1)′因果相关：心灵特普具有因果效力。
(2)′因果封闭：如果一个物理事件在时刻 t 有一个原因，那么它在时刻 t 有一个充分物理原因（某个物理特普的例示）。
(3)′因果排斥：如果某个特普的例示对于一个事件来说是因果充分的，那么不存在与该特普不同的其他任何特普对于该事件而言是因果相关的。
(4)′差异性：心灵类型不是物理类型。

简言之，在特普一元论中，心灵特普就是物理特普，而心灵类型不同于物理类型，这使得我们在没有否认排斥论证任何一个前提的条件下，实现了因果排斥问题的消解。此外，洛布对(4)′还做了更进一步的说明，即特普一元论还可以有效解释心灵类型的多重可实现性。不妨选择某种特普唯名论，即认为类型是相似特普的集合的立场。假设给定一个心灵类型，可以将其视为一个由相似的物理特普组成的集合，同时，存在一些物理类型，其中每个类型都是由相似的物理特普组成的集合。而这些物理类型作为集合，都是前述心灵类型的子集，这就是特普理论下的多重可实现情形。洛布也指出一些需要注意的地方：心灵类型中各个物理特普之间的相似方式，与物理类型中的物理特普之间的相似方式是不同的。较之后者，它们是物理上非常不相似的（wildly dissimilar physically）。（参见 Robb，1997：188）

以上就是洛布的特普解决方案，其关键之点就在于对作为因果相关属性的特普和将特普联合起来的属性的区分。其中，特普作为因果相关属性，凭借其自身就足以发挥因果作用。不难看出，前者处理了心灵因果作用在物理因果封闭下何以可能的问题，而后者则解决了原因是否能够通过其心灵属性发挥因果作用的问题。

二、特普层面的因果相关属性问题

洛布的解决方案不可避免地会使人联想到戴维森的异常一元论，那么一个自然的想法就是,它是否会招致类似原先异常一元论所面临的那些批评。实际上,保罗·诺德霍夫(Paul Noordhof)就是沿着这一思路对洛布的特普方案展开批评的。在方法论上,他认为洛布的策略在根本上违背了一条方法论原则——"地毯上的凸起物"(the bulge in the carpet)。该原则认为:

> 对于一个哲学问题的任何候选解决方案而言,都不应该引起看上去同样不可捉摸的另一个问题,且后一个问题需要解决的事项刚好类似于使得原来的问题如此不可捉摸的东西。(参见 Noordhof,1998:223)

在诺德霍夫看来,戴维森所面临的因果相关属性问题在洛布的方案中并没有得到真正的解决,而只是转移到了特普层面。在戴维森的事件同一论中,我们质疑的是原因事件是否能够作为(qua)或凭借(in virtue of)其心灵属性发挥因果作用;而在洛布的特普一元论中,我们仍然可以追问原因事件是否能够作为或凭借其心灵特普发挥因果作用。这样,著名的"作为因致"(quasation)问题又在特普一元论中死灰复燃了。显然,洛布一开始就意识到了其理论会面临这样的质疑,但他不认为"作为因致"问题(如果存在的话)从事件层面到特普层面的推论是有效的。表面上看,戴维森的心灵事件即使同一于物理事件,但它们是凭借其物理类型,而不是其心灵类型进入因果关系的。那么,即使承认心灵事件是凭借其心灵特普而产生因果作用的,我们也可以质疑心灵是因果相关的是凭借其归属于物理类型,而非其归属于心灵类型。洛布认为,持上述观点的人犯了一个范畴错误。因为即使我们可以在事件层面上追问"作为因致"问题,但这个问题在特普层面已经得到解决。正如他所举的例子,红色的球落到金属片上造成一个凹痕,这显然是由其重量而非颜色所致。但如果有人继续问下去:"重量在这里确实是因果相关的,但这是作为其质量而因果相关的吗?"这只会被视为恶性循环。(参见 Robb,1997:188)

然而,诺德霍夫认为,上述解释只是语言上的强制指令(linguistic fiat),我们完全可以在多种意义上追问"作为因致"问题。(参见 Noordhof,1998:223)比如,在其中的一种情形中,我们完全可以问"红色的球是凭借其5磅的重量,还是其小于10磅的重量,造成金属片上的凹痕的?"诺德霍夫并不认为循环是个问题,只要这是对世界存在方式的反映。进而,如果特普中还有层面,比如"特里普"(tripes),我们依然可以追问其凭借什么而具有因果效力的。(参见 Noordhof,1998:224)在洛布的回应中,他实际上也认可"5磅的重量"和"其小于10磅的重量"具有不同的语用学意蕴。但是他坚持认为,在这里面起作用的有且仅有一个特普。(参见 Robb，2001：93)其中的类型根本不是因果属性，虽然也许可以承认它们与因果属性具有某种重要关系。

我们也可以通过特普的简单性替洛布来更好地回应这些问题。即虽然球的红色和重量作为特普都共同出现在这个时空位置上，但是在这里发挥因果作用的只是同一个重量特普。"5 磅的重量"和"其小于 10 磅的重量"是该特普所归属的类，本身不是该特普的构成性属性。① 特普本身是没有层面的，这是它与事件(尤其是金在权式的事件)在结构上的区别。

近年来，洛布接受了某种近似于金在权产生式因果观的因果理论，他认为属性是在适当环境下产生有特性的物理显现(manifestations)的能力(powers)。(参见 Robb，2013：215)② 这样，基于能力因果理论，又可以建构一个对洛布的辩护，可表述如下：特普一元论确实确保了心灵能力的因果效力，但是它并没有确保所谓"独特的"心灵因果作用，或心灵能力自身的因果力。但就能力本身而言，并没有所谓的心灵—物理的双重本性。在特普本体论中，心灵特普同时既完全是物理的，也完全是心灵的。(参见 Robb，2013：221-222)

三、特普与多重可实现性问题

在前文的讨论中，我们提及不能采用简单的类型同一论来应对排斥论证，其主要原因在于心灵类型具有的多重可实现性，后者在当代心灵哲学中也是被普遍认可的。然而，一旦我们深究在特普理论下的多重可实现究竟是什么样子，就会发现里面仍存在很多不甚明确之处。

首先，可以设想，对洛布方案的一个自然的反驳就是，为什么我们只关注于心灵类型的多重可实现，而不去讨论心灵特普的多重可实现。比如，如果存在特普层面的多重可实现，那么会不会导致特普二元论。洛布试图从多重可实现性的基本直觉出发，来打消这种可能性。他的理由是，正是相似性，尤其是非精确相似性的直觉判断，驱使我们做出关于多重可实现性的论断。比如，具有物理多样性的物种，相互之间虽不是精确相似，但其已足以类似到可以归入同一心灵特普中。在多重可实现中，高层类型据其本性就是从微观差异中抽象而出的，它们更能容忍不那么完美的相似(less than perfect resemblance)。最为关键的是，在本体论上处于基础层的特普其本身

---

① 当然，我们可以对"5 磅的重量"和"其小于 10 磅的重量"做亚布罗式的理解，即二者是决定/被决定、实现/被实现的关系，再来讨论其因果力的作用机制，但这已不是本书的任务了。
② 关于因果力或能力本体论策略，详见本章第四节中的讨论。

已最大化地被确定了(maximally determinate),不可能作为更抽象的高层概念出现。(参见 Robb,2013:218-219)

洛布的回应显然具有一定的说服力,但笔者认为其对多重可实现直觉的阐述实际是含混的。具体而言,洛布的主要问题在于混淆了原初的多重可实现与特普理论下的多重可实现情形。多重可实现显然具有高层属性是低层属性的抽象这一直觉,但其最初被引入当代讨论的最直接动机还是出于刻画因果角色的考虑。它尤其被用于刻画功能主义中的心灵属性,作为一种功能属性,通过满足其因果角色的具有特定结构的实现者来得以例示。那么,在特普本体论下,如果存在多重可实现,那其更应该发生在因果相关属性所在的层级,即特普层面。如果坚持洛布所认可的特普唯名论立场,上述建议就显得更加明显。但洛布为了应对排斥问题所坚持的特普一元论、特普自身具有的简单性特征(特普没有层面),都打消了特普层面存在多重可实现性的可能。

现在,如果暂且先认可洛布坚持的心灵类型的多重可实现性,我们来看一下这会是什么样的情形。假设存在心灵类型 M,它由如下相似的心灵(物理)特普(p_1、p_2、p_3、p_4)所构成。实现它的是两个物理类型 P′ 和 P″,二者是不同的相似特普集(p_1、p_2)和(p_3、p_4)。我们知道,较之相似的特普 p_1、p_2、p_3、p_4,p_1 与 p_2,p_3 与 p_4 之间要相似得多。因此,后二者分别构成了排他的、最大化地被确定了的不同物理类型,且都是心灵类型 M 的子集。此时,如果我们追问,究竟是根据什么样的直觉将上述情形称为"多重可实现",可能的应对方式要么是诉诸相似性,要么是诉诸因果力。下面就分别来看这两种情况。

(1)诉诸特普之间的相似性。这是吉布直接反对的思路,她认为,如果宣称作为非精确相似(inexactly resembling)心灵特普集的心灵类型,被作为非精确相似物理特普集的物理类型所实现,这相当于对多重可实现论证的否认。吉布坚持,类型如果要能替代共相的作用,作为其成员的特普之间只能是精确相似的关系。否则,非精确相似的特普构成的类型只能再继续分成不同的类型,也许直到精确相似成员构成的类型出现为止。(参见 Gibb,2004:471)

但是如果坚持特普之间必须是精确相似的关系,这实际上相当于宣称有且只有一种相似性的关系。如果 p_1、p_2、p_3、p_4 精确相似,那么 P′ 和 P″ 也精确相似,结果就是这里只存在一个物理类型 P。不难看出,这样的特普一元论将蕴涵类型一元论。(参见 Gibb,2004:472)这实际上相当于取消了多重可实现性。我们当然可以不坚持特普之间的精确相似关系,但必须确保程度不同的多种相似关系的存在,否则其立场还是有蜕变为类型一元论的可能。这里主要的问题还是，且不论非精确相似不具有自反性、传递性等特征，在特普唯名论下我们只能认为其是一种原始关系(primitive relation)，否则又有共相类关系的嫌疑。诉诸不可再解释的相似关系，使特普理论对多重可实现的刻画显得相当不清楚。总之，在特普唯名论中，物理属性与心灵属性之间的多重可实现关系，其实质是一种部分——整体关系(part-whole relation)。埃林就直接将这种特普一元论称为部分——整体物理主义(part-whole physicalism)。(参见 Ehring，1997；Ehring，2011)

(2) 诉诸因果力。由于洛布认为特普是因果相关属性，即不同的物理类型 P′和 P″的殊异应根源于其因果力的差异。① 这时又需对实现关系进行具体界定了，根据现有的两类理解：其一，被实现属性的因果力等同于实现者的因果力。那么，具有殊异因果力的心灵类型 M 很难还被视为一个真正的类型，其更应该被区分为两个不同的心灵类型 M′和 M″。如果是后者，我们很有可能得到的还是某种类型一元论，比如类似于限于种群的类型一元论立场。这相当于金在权对福多多重可实现论证的批评。(参见 Kim，1992)其二，被实现属性的因果力是其实现者因果力的子集，即舒梅克的子集实现方案(Subset-based account of realization)。这相当于认为，在 M 被实现的特定情形中，比如当 M 被 P′所实现，前者总是后者因果力的子集。埃林认为，物理类型作为心灵类型的部分的思想，刚好印证和补充了舒梅克的上述思想。(参见 Ehring，2011：172)

总之，特普理论，作为介于共相实在论和标准唯名论中间的一种理论立场，在兼具其优点的同时也不可避免地继承了二者的理论困难，这一情形在心灵因果问题的讨论中尤为彰显。除此之外，还有一个更为实际的问题，即向现有的属性本体论中引入特普的需求是否真有那么迫切？比如，如果我们采取一种属性唯名论立场，即所谓的"心灵属性"实际上是指"心灵谓词"的时候，是否实际上也能替代特普理论的工作，这都是需要进一步探讨的。

第四节 双重阻隔策略与因果力的本体论

一、倾向因果理论

近年来，随着关于倾向(proposition)或能力(power)的研究在当代形而上

---

① 在特普唯名论下，严格来说不能将因果力说成是类型的个体化条件。

学的研究中日益复兴,基于能力的本体论而构建的因果理论也开始出现。[①] 这种倾向因果理论的关键之点在于,原因是倾向于(dispose to)其结果的。为了有别于原因恒常联结于结果的"休谟式因果观",一些研究者也把这样的因果理论称为"亚里士多德式的因果观"。(参见 Marmodoro,2017)

倾向因果理论的兴起,也为该理论在心灵因果领域中的应用创造了条件。在当代倾向主义者中,吉布的"双重阻隔"(double prevention)策略颇具有代表性。根据该方案,心灵事件在因果作用中实际上扮演着双重阻隔者(double preventer)的角色。其理论的实质是:心灵并不导致某个事件发生,而是允许(permit)该事件被其他事件所导致。此外,吉布称其方案与神经科学中本杰明·利伯特(Benjamin Libet)关于准备电位(readiness potential)先于有知觉意图的著名实验的结论也是符合的,因此具有来自经验科学的支持。本节首先将介绍倾向因果理论,然后再仔细分析以之为基础的吉布的双重阻隔策略,最后再评析该策略可能的问题所在。

能力或倾向因果理论的思想在哲学史上早有渊源,我们可以将其追溯到赫拉克利特、柏拉图,尤其是亚里士多德和阿奎那关于因果关系本性的见解中。当代哲学中,罗曼诺·哈雷(Romano Harré)和南希·卡特莱特(Nancy Cartwright)在科学哲学领域,C·B·马丁(C. B. Martin)、乔治·莫尔纳和斯蒂芬·曼福德在形而上学领域,分别发展出了具有代表性的倾向或能力因果理论。(分别参见 Harré & Madden, 1975; Cartwright, 1989; Martin, 2008; Molnar, 2003; Mumford & Anjum, 2011)这些理论的主旨,简言之就是:因果关系可以通过倾向或因果力来得以说明,甚至因果关系本身就是因果力的活动过程。当然,倾向因果理论的很多地方还具有纲要性质,有待进一步细化,仅就该理论与心灵因果作用相关的一些基本方面做说明如下。

首先,在倾向或能力理论中,一个最基本的区分就是对倾向和显现(manifestation)的区分。在适当的条件下,倾向或能力可以看作显现的原因,而显现则被视为该倾向或能力的结果。并且,这个划分也不是绝对的,显现自身也可以同时具有倾向性。值得注意的是,一个倾向可以从来都不显现出来,而一直保持其存在,这相当于是一种"未曾显现的显现"(unmanifested manifestations)。例如,一袋从未开封过的速溶咖啡,并不会因为未被冲泡而丧失其可溶性。

其次,关于倾向得以显现的方式,实际情形是复杂多样的。特定倾向的

[①] 下文将不加区分地交替使用"倾向""能力"和"因果力"三个概念。其中,"因果力"曾被广泛地用于各种因果理论,尤其是能量传递理论(energy transference theory)之中。但在本节中,其涵义仅限于倾向因果理论之中。

显现往往依赖于其他相关倾向的出现。例如，咖啡溶于水这一事件，不仅依赖于咖啡具有可溶性，也依赖于水具有作为溶剂的倾向。马丁把这两方称为"交互倾向伙伴"(reciprocal disposition partners)。(参见 Martin，2008)不难看出，一个结果通常是多个倾向的联合显现，而一个倾向也往往能为多个显现做出贡献。莫尔纳曾借用生物学中的术语，分别将此二者称为"多基因性"(polygeny)和"多效性"(pleiotropy)。(参见 Molnar，2003：194)

再次，倾向因果理论要求承诺关于倾向的实在论立场。与之相关，如果因果作用是一种由倾向趋向显现的过程，且在此过程中诸倾向相互依赖的话，这将意味着把因果关系视为一种内在关系。这与通常所理解的休谟式因果观形成了鲜明对比，因为在后者看来，在作为原因和结果的事件内部，根本找不到使它们进入因果关系的事物。因此，这样的因果关系只是稀疏事件间的一种非对称的外在关系。[①] 我们在后面将看到，倾向因果理论的内在性特征将影响到其对缺席(absence)、阻隔等情形能否作为原因的判定。

为了便于讨论，本节将采用吉布的排斥论证版本，其构造如下：

(1) 因果相关：心灵事件在物理领域具有因果相关性。
(2) 因果封闭：每一物理事件在其传递性因果封闭(transitive causal closure)中只包含其他物理事件。
(3) 因果排斥：事件不能被因果地过度决定(overdetermined)。
(4) 差异性：心灵事件不是物理事件。(参见 Gibb，2013：193)

无须多言，对排斥论证的应对就在于使得上述四个命题构成一个融贯的命题集。我们只需稍加关注下命题(2)中的因果封闭原则版本，吉布在这里采用的是洛(E. J. Lowe)所谓的"传递性因果封闭"。关于事件 P 的传递性因果封闭，洛指的是一个包含了 P 的直接原因、P 的直接原因的直接原因……这样的事件集合。(参见 Gibb，2013：195)一般而言，这是个过强的因果封闭原则版本，因为它完全排除了非物理事件作为物理事件的原因的可能性，甚至致使此论证是否还需(3)因果排斥原则发挥作用都值得进一步探究。[②] 但吉布采用此版本亦有其考虑，主要在于她认为，即便面对如此之强的因果封闭版本，其策略也完全可以应对。尤其结合后面她的方案来看，其心灵事件可以不介入物理领域的因果作用过程而对后者产生影响。

---

① 当然，以盖伦·施特劳森(Galen Strawson)为代表的"新休谟主义者"，有将休谟做因果实在论解读的趋势。限于主题和篇幅，本书暂不对此加以讨论。
② 参见本书第二章第二节中的相关讨论。

至此,似乎还难以看出,直接采用倾向因果理论能使(1)—(4)成为一个融贯的命题集。实际上,吉布的策略主要是利用倾向因果理论对双重阻隔情形的判定来应对排斥问题。在下面一小节中我们将正式转入对其策略的分析。

二、双重阻隔策略

吉布对因果排斥问题的应对大致可以分为如下三个步骤:首先,将心灵事件设定为双重阻隔者,再根据倾向因果理论断定其在因果关系中发挥的作用;其次,在倾向因果理论的背景下,为心灵和物理找到一种合适的形而上学关系;最后,从利伯特的实验结论中为其形而上学关系找到依据。其中最为核心的是第一步,即说明心灵的双重阻隔作用。下面,我们将依次就这几个方面展开分析。

双重阻隔是当代因果关系分析中的一种较为复杂的情形。双重阻隔意味着对阻隔的阻隔,一个双重阻隔情形通常涉及三个事件和两次阻隔,不妨将其设为事件 c、d、e 和阻隔 P_1、P_2。这样,如果 P_1(c 的出现阻隔了 d 的出现)发生,P_2(d 的出现阻隔了 e 的出现)就不会发生,那么 c 就相当于阻隔了 d 对 e 的出现的阻隔,即所谓的"双重阻隔"。现实中有很多双重阻隔的例子,比如空军联队要远程奔袭敌境展开轰炸,如果我方没有出动护航战斗机,敌方的截击机就有可能击落我方轰炸机从而阻止轰炸;但是如果我方出动了护航战斗机,就有可能先行击落敌机而使得轰炸顺利完成。在后一种情形中,我方护航战斗机就扮演了双重阻隔者的角色,因为其阻止了敌机对我方轰炸的阻止。这时,我们又遇到一个问题:护航战斗机的出动是不是顺利完成轰炸的原因?即能否将双重阻隔者视为被其阻隔者所欲阻隔的事件最终发生的原因?

根据上文,如果 P_1(c 的出现阻隔了 d 的出现)不发生,P_2(d 的出现阻隔了 e 的出现)就会发生。即如果 c 不阻止 d 的出现,那么 d 就会阻止 e 的发生。这意味着,要是 c 不发生,那么 e 也不会发生。根据反事实因果理论,c 反事实地依赖于 e,c 是 e 的原因,即双重阻隔者是被其阻隔者所欲阻隔的事件发生的原因。然而,根据倾向因果理论,双重阻隔者却不能作为原因。吉布认为,双重阻隔者既不能作为最终结果的直接原因,也不能作为其间接原因。(参见 Gibb,2013:200)其理由的关键之点在于,倾向性因果关系是一种内在关系,因此:(1)时空不相邻的遥远事件不能作为原因。例如,护航战斗机击落敌方截击机与我方轰炸机进行轰炸的地点可能相隔甚远。(2)缺席或缺失不能作为原因。例如,如果护航战斗机的出动能被视为原因,那么其与轰炸相联的因果链中就可能要包括敌方战斗机的缺席这一环节。但是由于缺席本身无法作为倾向或因果力的承载者,因此上述因果链是不存在的。

现在,我们正式来看吉布策略的核心环节,即当心灵作为双重阻隔者时,因果排斥问题是如何被应对的。为了便于讨论,以下我们将直接采用吉布的例子及示意图。(参见 Gibb, 2013: 203-205)假设 n_1 为神经元 N_1 的激发这一事件,n_2 为神经元 N_2 的激发,而 n_0 为二者之前的神经事件;m_1 为弗雷德想让他的手活动这一事件,m_2 则为他想让手保持静止;b_1 为弗雷德的手活动这一事件,而 b_2 则为弗雷德的手保持静止。这样,吉布的策略就可以表示为:

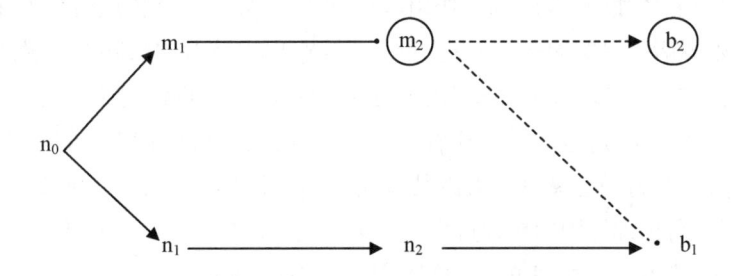

上图为刘易斯式的因果关系神经元示意图。其中,带箭头的实线代表因果关系,而带箭头的虚线则代表未能发生的因果关系;带圆点的实线代表禁止性联结,而带圆点的虚线则代表未能发生的禁止性联结。于是,对吉布的策略就可做如下解读:N_1 的激发倾向于使 N_2 得以激发,而 N_2 的激发倾向于使弗雷德的手开始活动。但他想让手静止的欲望 m_2 倾向于阻止手的动作,即 m_2 倾向于阻隔 n_2 和 b_1 之间的因果作用。如果这成功的话,就将出现弗雷德的手静止不动的结果(b_2)。但由于心灵事件 m_2 一旦成为 b_1 的直接原因,就将与"传递性因果封闭"相违背。于是,吉布又设定了一个心灵事件 m_1,即弗雷德想让他的手活动这一事件。而由于该心灵事件在强度上压倒了 m_2,这将使得弗雷德的手活动起来。因此,m_2 是 n_2 和 b_1 间的因果作用的阻隔者,而作为双重阻隔者的 m_1 又阻止了上述过程。在吉布的心灵因果图景中,心灵事件就是扮演着这样的双重阻隔者的角色。

值得注意的是,由于 m_2 一直都有干预物理领域的倾向。为了不致违背因果封闭,只要存在 m_2 和 n_2,我们就必须设定在因果力上对 m_2 具有优势的 m_1 出现。如何实现这一图景呢,一个自然的想法是,n_1 必然蕴涵 m_1 的出现。但最为常见的心物关系——随附与实现——又恰恰不能为目前的方案所用,因为在很多通行的随附和实现理论中,心灵属性的因果力或是等同于其随附/实现基础的因果力,或是作为后者的真子集而存在的。为此,吉布别出心裁地提出了如下解决方案,即假设神经事件 n_0 是 n_1 和 m_1 的共同原因,并且带有这样的限定:任何导致 n_1 的事件也必须导致 m_1;但反之不然,即导致 m_1 的事件也必须导致 n_1,否则又将违背因果封闭。这样,就保证了 n_1 对 m_1 的出现的必然蕴涵。

至此,其方案即构建完毕。再结合上文中排斥论证的四个前提来看:(1)心灵事件并未导致任何物理事件,而是**允许**了物理因果作用的发生。在此过程中,心灵事件阻隔了试图阻隔物理因果关系的另一心灵事件的显现,扮演着双重阻隔者的角色。在此策略中,心灵虽然不能作为物理的原因,但是却在物理因果作用的发生中扮演着极其重要的作用。至少,心灵扮演着不可或缺的解释性(explanatory)作用,因为我们要解释一个物理结果为什么发生,必须诉诸心灵的因素。与此同时,该策略也支持双重阻隔者与最终原因之间的反事实论断,即假如双重阻隔者不出现,最终的物理事件也不会发生。(2)因果封闭原则显然没有违背,每当一个心灵事件倾向于干涉物理事件时,必然存在另一心灵事件阻碍其显现。(3)由于心灵根本不能作为原因,所以不会与物理原因因果地过度决定某一结果的发生。(4)在此方案中,心灵事件显然不同于物理事件。这样,因果排斥问题就不会出现了。

除此之外,该方案的建构很有可能参考了利伯特那个著名实验的结果。根据该实验,当我们决定去执行某项身体活动时,无意识的脑过程和"准备电位"总是先于我们关于该决定的意识体验而发生。在整个过程中,心灵扮演了选择和控制的角色,即实际上是发挥着允许或触发(trigger)身体活动过程的作用。(参见 Libet, 1985: 529-566)不难看出,如果把 n_0 解释为标志着准备电位开始的神经事件,而 m_1 的双重阻隔者角色就是发挥着选择和控制作用的话,那么这就是标准的利伯特实验的情形。据此也可以认为,吉布的策略可以得到利伯特实验结果的支持。

三、双重阻隔策略面临的两个问题

就其为基于倾向因果理论的应对策略而言,吉布的双重阻隔策略已不失为一种精巧的方案。然而,笔者认为,在其策略的建构中还是存在过于特设和不甚明确的地方,主要体现在以下两个方面。

(1)避免违背因果封闭原则在吉布策略的考虑中无疑处于非常重要的一环。吉布认为:"为使封闭原则为真,在任何情形下只要存在 n_2 和 m_2,m_1 就**必须**在那对 m_2 加以阻隔,使其不能阻隔 n_2 导致 b_1。"(参见 Gibb, 2013: 204)并且,如前所述,为了确保上述情形,她又设定了先在的神经事件 n_0。

这就形成了如下图景：在弗雷德的手活动之前的心理过程中，弗雷德不想让手活动的欲望必然被其让手活动的欲望所压倒。换言之，他不想让手活动这一心理倾向永远得不到显现。吉布大概意识到了其中可能存在问题，她对此加以澄清道：只要先在的神经事件 n_0 以及更强的想让手活动的欲望存在，那么其想让手保持不动的欲望的显现就是自然不可能的（naturally impossible）。关于其心理运作机制，吉布进一步做出说明：在弗雷德产生想让其手活动的欲望之前，他不想让手动的欲望就有可能自身扮演着双重阻隔者的角色，从而导致他的手保持不动。（参见 Gibb, 2013：205）

不可否认，如果不考虑上述图景的不自然或具有特设性，上述澄清显然是成立的。但如果不是仅仅截取心灵因果序列中的两个环节 m_1 和 m_2，而是对整个序列进行考察，我们就将发现问题所在。假设一个心灵因果序列由 n 个心灵状态构成，如果一个心灵状态的因果角色在于阻隔前一个心灵状态的显现，那么，m_1 阻隔了 m_2 的显现，m_2 阻隔了 m_3 的显现……m_{n-1} 阻隔了 m_n 的显现。这意味着，为使其后的心灵状态具有因果效力，序列中的第一个心灵状态永远不可能得到显现。诚然，倾向的实在性不依赖于其是否显现，然而目前的情形是 m_n 即使具有某种倾向，也无法得以显现。

这主要有如下两方面的原因：首先，由于 m_n 是序列的第一个心灵事件，其自身不能成为双重阻隔者，从而发挥其因果作用。其次，即使不考虑双重阻隔策略，m_n 倾向的显现又可能会违背吉布所预设的"传递性因果封闭原则"，因为 m_n 有着随时干预物理领域的倾向。因此，在双重阻隔策略下，我们将不得不预设某种"心灵首事件副现象主义"，这意味着我们任何一个首先出现的信念或欲望都是没有任何因果效力的。如果把上述结论推至只有一个事件的心灵状态序列，我们会发现，任何单个信念或欲望都不可能具有因果效力，姑且将其称为"心灵单一事件副现象主义"。然而，这些都是我们难以接受的心灵因果作用的图景。

（2）还有一个更为基本且复杂的问题，涉及倾向因果理论的机制及其表现方式。在本节第一部分中，我们曾介绍过，倾向因果观具有"多基因性"和"多效性"的特点。简言之，一个结果通常是多个倾向的联合显现，而一个倾向也往往能为多个显现做出贡献。且倾向之间互为"交互倾向伙伴"，即特定倾向的显现往往依赖于其他相关倾向的出现。应注意到，为了讨论的便利，吉布的策略对倾向显现机制做了极大简化。在其策略中，除了双重阻隔者之外，基本没有其他倾向来影响一个倾向的显现。也许读者会认为，此类简化无关宏旨，将其推广扩充，就能对现实中的因果情形加以刻画。但实际情形也许远非那么简单。在倾向因果理论下，即使在只有两个倾向出现的最简单的情形中,我们也可能很难将其归为双重阻隔现象。比如经常被提及的"密尔式原因"(Millian Causes)的例子:两队纤夫在运河两岸雁行拉纤,但船在运河中笔直而行。当涉及两个以上或多个层面的倾向时,情况只会更加复杂。因此一旦原因涉及因果力或倾向的构成,在其他因果理论中相对清晰的双重阻隔情形,在这里很有可能难以识别,甚或只是隐喻性的(metaphorical)。

与此相关,我们再来看吉布对其因果情形的表现方式——神经元示意图。神经元示意图最初用来表示反事实因果理论,此后也被普遍用来刻画其他因果理论。然而,因果理论及其表现方式也是相互影响的。神经元示意图一般被认为会导向接受休谟式本体论,或更适合于休谟式因果观背景下的讨论。但应注意的是,我们当前讨论的是与之迥异的实在论式的因果观。在倾向因果理论中,原因与结果之间是倾向与显现的关系,其中倾向的强度(intensity)、因果力的方向性、原因发生的特定概率、以什么程度显现都是相当重要的构成条件,但这些因素在神经元示意图中完全得不到表达。据此,一些研究者建议用矢量图来表示倾向因果理论。(参见 Mumford & Anjum, 2011:19-46)回过头看,吉布对因果情形的简化,及其所采用的神经元示意图表现方式,很容易将我们导向对双重阻隔策略的接纳。而一旦注意到上述问题,我们就会立刻意识到原因很可能是由多个因果力所构成的,结果也可能是多个显现共同作用而成。而双重阻隔情形,尤其是其中 m_1 与 m_2 之间的相互作用机制,很有可能只是一个缺乏代表性的特例情形。

综上所述,吉布的策略试图将因果排斥论证、双重阻隔情形以及利伯特实验结合在一起。作为双重阻隔者的心灵事件,虽不能导致物理事件,但却扮演着控制和许可物理因果作用发生的角色。吉布的方案不失为应用倾向因果理论应对心灵因果问题的有益尝试,但也不免有特设和简化之嫌,主要是其心灵因果作用的具体机制仍有待澄清。

结　语

　　行文至此，本书已基本完成了对金在权心灵因果排斥论证的介绍。在前文的论述中，本书已经对因果排斥论证的基本思路、构造形式和作用机制进行了较为充分的讨论，也详细地分析和评估了应对该论证的一些当代主要的理论策略。由于因果排斥论证是金在权心灵因果理论的核心论证，该论证及其理论后果从根本上体现着金在权的物理主义基本立场。在全书的最后，笔者想结合前文关于因果排斥论证的讨论，对金在权的物理主义立场做一概述，此外对因果排斥论证对于非还原物理主义理论建构的影响略做说明。

　　(1) 与"心灵残留物"长期共存的物理主义。这是金在权对他这个在结论上略带遗憾的物理主义立场的总结。在他看来，排斥论证的首要目标就是促进实现物理还原论。当然，他所提倡的功能主义兼局部还原的还原模型较之先前经典还原论者的法则学还原、类型同一论等理论已谦逊了许多，但其根本主旨至少在前进方向上是一致的。金在权的立场，或他所谓的"有条件的物理主义"，从实质上看，是一种局限于种属结构中的物理主义类型还原论，类型还原论的特质在他早先对其立场的描述——"多重类型物理主义"——中更为直接地体现出来(参见 Kim, 1993a: 364)。但只要承诺了物理还原论，很大程度上受长期抵制物理还原的现象的、内在的或源自第一人称视角的心灵属性的困扰，这就是所谓的"感受性质"问题。由于感受性质抵制物理还原，所以最直接的反物理主义论证都是基于感受性质来建构的。从20世纪70年代起，从蝙蝠论证、知识论证、中文屋论证、色谱颠倒论证到僵尸论证(zombie argument)，基于感受性质的反物理主义论证一定程度上已成为困扰物理主义的最大隐患。至于非还原物理主义者在何种程度上，抑或是否真正具有资格利用这些论证，是我们在这里一时难以说清的问题。但至少，金在权的理论自身也是深受感受性质问题困扰的。尽管他认为僵尸论证本身可能在概念直觉上是成问题的，但他一直承认物理主义不能抵御色谱颠倒论证的攻击，后者认为两个色谱(比如，红绿色觉)完全颠倒的人其行为难以用功能主义的标准区分开来。由于感受性质，或其代表的广义心灵属性的现象层面难以被还原，使得金在权的理论呈现出一定程度的悖论色彩。在《随附与心灵》临近结尾时，他表达了这样一种无奈：

> 最终，我们很可能将面临这样的选择：或者选择实现方案以挽救心灵因果作用，或者坚持心灵属性的独特和殊异地位，尤其是感受性质，但是那样我们就要做好放弃它们因果力的准备。一个悖论的事情是，这个提供的选择可能本身也只是一种选择的幻觉，因为两个选项可能最终都将合二为一。如果你选择了前者，你将失去使心灵之为心灵的殊异之处；并且人们可能会问，如果你为了挽救心灵因果作用但却最终在这个过程中失去了心灵，这样做有什么好处？（这不禁令人想起这样的越南谚语："通过毁灭一个村庄来拯救它。"）如果你选择了后者，你同样可能再度失去心灵，得到一个因果无能之物又有什么好处？为什么我们要那么不辞劳苦地去拯救信念和欲望，抑或感受性质，如果它们出不出现对他物而言毫无影响且我们也不能用它们去解释任何东西？是实在的和具有因果力是携手并进的。因此我们似乎进了死胡同。也许这正是心灵问题不可捉摸之处。（参见 Kim, 1993a: 365-366）

虽然，严格从逻辑上看，排斥论证本身不受上述困境所扰。因为，排斥论证只是将我们带到这个抉择的跟前，它并没有迫使你做出选择。并且，如果真的像金在权所理解的那样——排斥论证将把你带到还原论面前，但是否真正要承诺还原论，我们还缺少关于还原的独立论证。但不可否认的是，排斥论证确实把我们带入了这样一种局面：如果排斥论证成立，非还原物理主义可能就由此被归谬；但只要感受性质一直不能还原，可能还原论者最终也要被归谬。当然，后一个被归谬的程度，取决于你在多大程度上相信感受性质。

（2）并不直观的关于排斥和实在的深层直觉。我们看到，是否信服于排斥论证，归根结底，最大的障碍来自是否相信两种直觉：一是是否相信处于随附或实现关系框架下的心灵属性和物理属性存在因果竞争；二是是否相信一个事件只能有一个充分原因，与此相关，一个事件还只能有一种完全解释。虽然，我们前面讨论了很多反对排斥论证的策略，但只要信服于以上两个直觉，它们从一开始就会难以起步。从另一个方面说，主要的反对排斥论证的策略，都可以看作对拒斥以上直觉之一的一个合理化（rationalization）过程。比如，因果自主策略、反事实因果理论策略主要是反对第一种直觉，而大多数质疑排斥原则的理论策略都是反对第二种直觉。当然，以上两种直觉在某种概念框架下会显得尤其显著，这就是金在权所倡导的"全局实在论"。根据这种实在论，不但因果作用是现实发生的实在过程，解释也是有着现实对应物的"客观化"的认识活动。我们看到，如果承诺了"全局实在论"，不论是因果排斥的过程，还是排斥原则本身都显得更加具有说服力。但其理论代价就是，我们将面临很多有悖直觉的推论。如果说因果实在论还较为自然的话，解释实在论就几乎和解释实践格格不入。并不直观的直觉是否真正能支撑我们的论证，这也是当我们回顾排斥论证所导致的哲学图景时值得反思的地方。

总之，笔者并不坚信排斥论证能完全拒斥非还原物理主义的有效性，甚至也不坚信排斥论证自身赖以发挥作用的直觉的正当性。但如果把排斥论证看作对非还原物理主义理论建构的限制条件，或把其看作对物理主义的深层理论紧张关系的揭示的话，那么它是几近成功的。

参考书目

Alexander, Samuel (1920) *Space, Time and Deity*, 2 vols. London: Macmillan, 1927.

Armstrong, David and Norman Malcolm (1984) *Consciousness and Causality: A Debate on the Nature of Mind*, John Wiley and Sons Ltd.

Anscombe, G. E. M (1971) "Causality and Determination", in *Causation*, ed. Ernest Sosa and Michael Tooley, Oxford University Press, 1993.

Baker, L. R. (1987) *Saving Belief: A Critique of Physicalism*, Princeton Press.

——(1993) "Metaphysics and Mental Causation", in *Mental Causation*, ed. John Heil and Alfred Mele, Oxford: Clarendon Press, 1993.

——(1995) *Explaining Attitudes: A Practical Approach to the Mind*, Cambridge University Press.

——(2007) *The Metaphysics of Everyday Life: An Essay in Practical Realism*, Cambridge University Press.

Baumgartner, Michael (2009) "Interdefining Causation and Intervention", in *Dialectica*, 63: 3 (2009): 175 – 194.

——(2010) "Interventionist Causal Exclusion and Non-reductive Physicalism", in *International Studies in the Philosophy of Science*, 23: 2 (2009): 161 – 178.

——(2010) "Interventionism and Epiphenomenalism", in *Canadian Journal of Philosophy*, 40: 3(2010): 359 – 383.

Beckermann, Ansgar; Hans Flohr and Jaegwon Kim(ed.) (1992) *Emergence or Reduction? Essays on the Prospects of Nonreductive Physicalism*, Walter de Gruyter.

Bennett, Karen (2003) "Why the Exclusion Problem Seems Intractable, and How, Just Maybe, to Tract it", in *Nous*, 37: 3 (2003): 471 – 497.

——(2007)"Exclusion Again", in *Being Reduced: New Essays on Reduction, Explanation and Causation*, ed. Jakob Hohwy and Jesper Kallestrup, Oxford University Press, 2008.

Block, Ned (ed.) (1980) *Readings in Philosophy of Psychology*, Cambridge, Mass.: Harvard University Press.

——(1995)"On a Confusion about a Function of Consciousness", in *Behavioral and Brain Sciences*, 18 (1995): 227 - 247.

——(1997a) "Anti-Reductionism Slaps Back" in *Philosophy Perspectives 11: Mind Causation and World* (1997): 107 - 132.

——(2003)"Do Causal Powers Drain Away?" in *Philosophy and Phenomenological Research* 67 (2003): 133 - 150.

Block, Ned, Owen Flanagan and Güven Güzeldere (ed.) (1997b) *The Nature of Consciousness: Philosophy Debates*, The MIT Press.

Block, Ned (2007) *Consciousness, Function, and Representation: Collected Papers, Volume 1*, The MIT Press.

Broad, C. D. (1925) *Mind and Its Place in Nature*. Routledge and Kegan Paul.

Burge, Tyler (1993) "Mind-Body Causation and Explanatory Practice", in *Mental Causation*, ed. John Heil and Alfred Mele, Clarendon Press, 1993.

Campbell, Keim, Michael O'Rourke and Harry S. Silverstein (ed.) (2007) *Causation and Explanation*, Bradford Book.

Campbell, Keith (1990) *Abstract Particulars*, Blackwell.

Campell, Neil (ed.) (2003) *Mental Causation and the Metaphysics of Mind*, Broadview Press.

——(2005)"Explanatory Epiphenomenalism", in *The Philosophical Quarterly*, 55: 220 (2005): 437 - 451.

——(2008) *Mental Causation: A Nonreductive Approach*. Peter Lang.

——(2014) "Explanatory Exclusion and the Intensionality of Explanation", in *Theoria*, 76: 3 (2014): 207 - 220.

Campell, Neil and Dwayne Moore(2009) "On Kim's Exclusion Principle", in *Synthese*, 169 (2009): 75 - 90.

Cartwright, Nancy (1989) *Nature's Capacities and Their Measurement*, Oxford University Press.

Chalmers, D. J. (1996) *The Conscious Mind: In Search of a Fundamental*

Theory, Oxford University Press.

——(2010) *The Character of Consciousness*, Oxford University Press

——(ed.) (2002) *Philosophy of Mind: Classical and Contemporary Reading*, Oxford University Press.

——(2014) *Constructing the World*, Oxford University Press.

Christensen, Jonas and Jesper Kallestrup (2012) "Counterfactuals and Downward Causation: A reply to Zhong", in *Analysis* 72: 3 (2012): 513 – 517.

Colins, John, Ned Hall and L. A. Paul, (ed.) (2004) *Causation and Counterfactual*, MIT Press.

Corbi, J. E. and J. P. Prades (2000) *Mind, Causes and Mechanism*, Blackwell Publishers.

Crane, Tim (1995) "Mental Causation Debates", in *Proceedings of the Aristotelian Society*, Supplementary Volumes, Vol. 69, (1995): 211 – 253.

Crisp, T.M. and T. A. Warfield (2001) "Kim's Master Argument", in *Nous* 35 (2001): 304 – 316.

Davidson, Donald (1970) "Mental Events", in *Essays on Actions and Events*, ed. Donald Davidson, Clarendon Press, 1980.

——(ed.) (1980) *Essays on Actions and Events*, Clarendon Press.

——(1993) "Thinking Causes", in *Mental Causation*, ed. John Heil and Alfred Mele, Clarendon Press, 1993.

Dennett, D.C.(1991) *Consciousness Explained*, Little Brown.

Dowe, Phil (2007) *Physical Causation*, Cambridge University Press.

Edwards, Jonathan (1758) *Doctrines of Original Sin Defended*, Part IV, Chapter II, in *Jonathan Edwards*, ed. C. H. Faust and T. H. Johnson, American Book Co., 1935.

Ehring, Douglas (1997) *Causation and Persistence: A Theory of Causation*, Oxford University Press.

——(2011) *Tropes: Properties, Objects and Mental Causation*, Oxford University Press.

Fodor, Jerry (1974) "Special Sciences, or the Disunity of Science as a Working Hypothesis", *Synthese*, 28: 2(1974): 97 – 115. Reprinted in *Philosophy of Mind: Classical and Contemporary Reading*, ed. D. J. Chalmers, Oxford University Press, 2002.

——(1987) *Psychosemantics*, The MIT Press.

——(1990) "Making Mind Matter More", in *A Theory of Content and Other Essays*, ed. Jerry Fodor, The MIT Press.

Gibb, Sophie (2009) "Explanatory Exclusion and Causal Exclusion", in *Erkenntnis* 71 (2): 205-221.

——(2004) "The Problem of Mental Causation and the Nature of Properties", in *Australasian Journal of Philosophy*, 82: 3 (2004): 464-476.

——(2013) "Mental Causation and Double Prevention", in *Mental Causation and Ontology*, ed. Gibb, S. C., E. J. Lowe and R. D. Ingthorsson, Oxford University Press, 2013.

Gibb, S. C., E. J. Lowe and R. D. Ingthorsson (2013) *Mental Causation and Ontology*, Oxford University Press.

Gillett, Carl and Barry Loewer (ed.) (2001) *Physicalism and Its Discontents*, Cambridge University Press.

——(2016) *Reduction and Emergence in Science and Philosophy*, Cambridge University Press.

Gozzano, Simone and Francesco Orilia (ed.) (2008) *Tropes, Universals and the Philosophy of Mind*, Ontos Verlag.

Grim, Patrick (ed.) (2009) *Mind and Consciousness: 5 Questions*, Automatic Press.

Guttenplan, Samuel (1994) *A Companion to the Philosophy of Mind*, Blackwell Publishers.

——(2000) *Mind's Landscape: An Introduction to the Philosophy of Mind*, Wiley-Blackwell.

Hall, Ned (2004) "Two Concepts of Causation", in *Causation and Counterfactuals*, ed. John Collins, Ned Hall and L. A. Paul, The MIT Press, 2004.

Harré, Romano and Edward Madden (1975), *Causal Powers*, Oxford University Press.

Heil, John and Alfred Mele (ed.) (1993) *Mental Causation*, Clarendon Press, Oxford.

Heil, John (1998) *Philosophy of Mind: A Contemporary Introduction*, Routledge.

——(2003) *From an Ontological Point of View*, Oxford University Press.

——(ed.)（2004）*Philosophy of Mind: A Guide and Anthology*, Oxford University Press.

——（2013）"Tropes: Properties, Objects, and Mental Causation" in *Australasia Journal of Philosophy* 91(3): 604 – 607.

Hellman, Geoffrey and Frank Thompson（1975）"Physicalism: Ontology, Determination, and Reduction", in *Journal of Philosophy*, 72: 10 (1975): 551 – 564.

Hempel, Carl (1965) *Aspects of Scientific Explanation and Other Essays in the Philosophy of Science*, The Free Press.

Hill, C. S. (1991) *Sensations: A Defense of Type Materialism*, Cambridge University Press.

——（2009）*Consciousness*, Cambridge University Press.

——（2014）*Meaning, Mind, and Knowledge*, Oxford University Press.

Hitchcock, Christopher and Joshua Knobe（2009）"Cause and Norm" in *Journal of Philosophy* 106 (11): 587 – 612.

Hohwy, Jakob and Jesper Kallestrup (ed.)（2008）*Being Reduced: New Essays on Reduction, Explanation and Causation*, Oxford University Press.

Horgan, Terence（1997）"Kim on Mental Causation and Causal Exclusion", *Philosophy Perspectives 11: Mind Causation and World*, 165 – 184.

Horgan, Terence, Marcelo Sabatés and David Sosa (2015) *Qualia and Mental Causation in a Physical World: Themes from the Philosophy of Jaegwon Kim*, Cambridge University Press.

Jackson, Frank（1994）"*Finding the Mind in the Natural World*", *reprinted in The Nature od Consciousness: Philosophy Debates*, ed. Ned Block, Owen Flanagan and Güven Güzeldere, The MIT Press, 1997.

——(ed.)（1998）*Mind, Method and Conditionals: Selected essays*, Routledge.

Kim, Jaegwon（1973）"Causation, Nomic Subsumption and the Concept of Event", in *Supervenience and Mind*, ed. Jaegwon Kim, Cambridge University Press, 1993.

——（1976）"Events as Property Exemplifications", in *Supervenience and Mind*, ed. Jaegwon Kim, Cambridge University Press, 1993.

——（1984a）"Concepts of Supervenience", in *Supervenience and Mind*, ed. Jaegwon Kim, Cambridge University Press, 1993.

——(1984b) "Epiphenomenal and Supervenient Causation", in *Supervenience and Mind*, ed. Jaegwon Kim, Cambridge University Press, 1993.

——(1987) "Strong and Global Supervenience Revisited", in *Supervenience and Mind*, ed. Jaegwon Kim, Cambridge University Press, 1993.

——(1988) "Explanatory Realism, Causal Realism and the Explanatory Exclusion", in *Explanation*, ed. David-Hillel Ruben, Oxford University Press, 1993.

——(1989) "Mechanism, Purpose, and Explanatory Exclusion", in *Supervenience and Mind*, ed. Jaegwon Kim, Cambridge University Press, 1993.

——(1989) "The Myth of Nonreductive Materialism", in *Supervenience and Mind*, ed. Jaegwon Kim, Cambridge University Press, 1993.

——(1990a) "Explanatory Exclusion and the Problem of Mental Causation", in *Information, Semantics & Epistemology*, ed. Enrique Villanueva and Basil Blackwell, 1990.

——(1990b) "Supervenience as a Philosophical Concept", in *Supervenience and Mind*, ed. Jaegwon Kim, Cambridge University Press, 1993.

——(1992a) "Downward Causation in Emergentism and Nonreductive Physicalism", in *Emergence or Reduction? Prospects for Nonreductive Physicalism*, ed. Ansgar Beckermann, Hans Flohr, and Jaegwon Kim, Berlin: de Gruyter, 1992.

——(1992b) "Multiple Realization and the Metaphysics of Reduction", in *Supervenience and Mind*, ed. Jaegwon Kim, Cambridge University Press, 1993.

——(ed.) (1993a) *Supervenience and Mind*, Cambridge University Press.

——(1993b) "Can Supervenience and Nonstrict Laws Save Anomalous Monism?", in *Mental Causation*, ed. John Heil and Alfred Mele, Clarendon Press, 1993.

——(1993c) "The Nonreductivist's Troubles with Mental Causation", in *Supervenience and Mind*, ed. Jaegwon Kim, Cambridge University Press, 1993.

——(1997) "The Mind-body Problem: Taking Stock After Forty Years", in *Philosophical Perspectives* 11 (1997): 185–207.

——(1998) *Mind in a Physical World: An Essay On Mind-Body Problem and Mental Causation*, The MIT Press.

——(ed.) (2002a) *Supervenience*, Ashgate Dartmouth.

——(2002b) "Responses", in *Philosophy and Phenomenological Research* 65 (3): 671 – 680.

——(2005) *Physicalism, or Something Near Enough*, Princeton University Press.

——(2006) *Philosophy of Mind*, second edition, Westview.

——(2007) "Causation and Mental Causation", in *Contemporary Debates in Philosophy of Mind*, ed. B. P. Mclaughlin and Jonathan Cohen, Blackwell Publishing, 2007.

——(2008) "Reduction and Reductive Explanation: Is One Possible Without the Other?", in *Being Reduced: New Essays on Reduction, Explanation, and Causation*, ed. Jakob Hohwy and Jesper Kallestrup, Oxford University Press, 2008.

——(2009) "Mental Causation", in *The Oxford Handbook of Philosophy of Mind*, ed. B. P. Mclaughlin., Ansgar Beckermann, and Sven Walter, Clarendon Press, 2009.

——(2010) "Two Concepts of Realization, Mental Causation, and Physicalism", in *Essays in the Metaphysics of Mind*, ed. Jaegwon Kim, Oxford University Press, 2010.

——(2010) "Why There Are No Laws in the Special Sciences: Three Arguments", in *Essays in the Metaphysics of Mind*, ed. Jaegwon Kim, Oxford University Press, 2010.

——(2010) *Essays in the Metaphysics of Mind*, Oxford University Press.

——(2011) *Philosophy of Mind: Third Edition*, Westview Press.

Koons, R. C. and George Bealer (ed.) (2010) *The Waning of Materialism*, Oxford University Press.

Kripke, Saul (1972) *Naming and Necessity*, Harvard University Press.

——(2014) *Philosophical Troubles*, Volume I: Collected Papers, Oxford University Press.

Kroedel Thomas (2015) "Dualist Mental Causation and the Exclusion Problem", in *Nous* 49: 2 (2015): 357 – 375.

Kutach, Douglas (2013) *Causation and Its Basis in Fundamental Physics*,

Oxford University Press.

——(2014) *Causation*, Polity Press.

Levine, Joseph (1983) "Materialism and Qualia: the Explanatory Gap", in *Pacific Philosophical Quarterly* 64 (1983): 354 – 361.

——(2004) *Purple Haze: The Puzzle of Consciousness*, Oxford University Press.

Libet, Benjamin (1985) "Unconsciousness Cerebral Initiative and the Role of Conscious Will in Voluntary Action", in *Behavioural and Brain Science* 8 (1985): 529 – 566.

List, Christian and Daniel Stoljar (2007) "What a Dualist Should Say about the Exclusion Argument", http://eprints.lse.ac.uk/20094/, LSE Research Online.

List, Christian and Peter Menzies (2009) "Nonreductive Physicalism and the Limits of the Exclusion Principle", in *The Journal of Philosophy*, 106: 9 (2009): 475 – 502.

Loewer, Barry (2002) "Comments on Jaegwon Kim's Mind and the Physical World", in *Philosophy and Phenomenological Research*, 65: 3 (2002): 655 – 662.

——(2007) "Mental Causation, or Something Near Enough", in *Contemporary Debates in Philosophy of Mind*, ed. B. P. Mclaughlin and Jonathan Cohen, Blackwell Publishing, 2007.

Loux, H. J. and D. W. Zinnernan (ed.) (2003) *The Oxford Handbook of Philosophy of Metaphysics*, Oxford University Press.

Malcolm, Norman (1968) "The Conceivability of Mechanism", in *The Philosophical Review*, Vol. 77, No. 1 (1968): 45 – 72.

Marmodoro, Anna (2017) "Aristotelian Powers at Work: Reciprocity without Symmetry in Causation", in *Causal Powers*, ed. J. D. Jacobs, Oxford University Press.

Marras, Ausonio (1998) "Kim's Principle of Explanatory Exclusion", in *Australasian Journal of Philosophy*, 76: 3 (1998): 439 – 451.

Martin, Charles (2008) *The Mind in Nature*, Oxford University Press.

Maurin, Anna-Sofia (2002) *If Tropes*, Springer.

Mele, Alfred (2009) *Effective Intentions: The Power of Conscious Will*, Oxford University Press.

Menzies, Peter (2003) "The Causal Efficacy of Mental States", in *Mental Causation and Ontology*, ed. Sven Walter and H. D. Heckmann, Imprint Academic, 2003.

——(2013) "Mental Causation in the Physical World", in *Physicalism and Mental Causation*, ed. S. C. Gibb, E. J. Lowe and R. D. Ingthorsson, Oxford Univerity Press, 2013.

Mclaughlin, B. P. (1989) "Type Epiphenomenalism, Type Dualism, and the Causal Priority of the Physical", in *Philosophical Perspectives* 3 (1989): 109–135.

Mclaughlin, B. P. and Jonathan Cohen (2007) *Contemporary Debates in Philosophy of Mind*, Blackwell Publishing.

Mclaughlin, B. P., Ansgar Beckermann and Sven Walter (ed.) (2009) *The Oxford Handbook of Philosophy of Mind*. Clarendon Press, Oxford.

Melnyk, Andrew (2003) *A Physicalist Manifesto: Thoroughly Modern Materialism*, Cambridge University Press.

Molnar, George (2003) *Powers: A Study in Metaphysics*, ed. Stephen Mumford, Oxford University Press.

Moore, Dwayne (2009) "Explanatory Exclusion and Extensional Individuation", in *Acta Anal*, 24: 3 (2009): 211–222.

——(2013) "Counterfactuals, Autonomy and Downward Causation: Reply to Zhong", in *Philosophia* 41: 3 (2013): 831–839.

——(2014a) "On the Constitutive Property Reply: Commentary on Campbell", in *Theoria*, 80: 1 (2014): 4–25.

——(2014b) *The Causal Exclusion Problem*, Peter Lang Publishing Inc.

Muijnck, W. D. (2003) *Dependencies, Connections and Other Relations: A Theory of Mental Causation*, Kluwer Academic Publishers.

Molnar, George (2003) *Powers: A Study in Metaphysics*, Oxford University Press.

Mumford, Stephen (1998) *Dispositions*, Oxford University Press.

Mumford, Stephen and Rani Lill Anjum (2011) *Getting Causes from Powers*, Oxford University Press.

Nagel, Ernest (1961) *The Structure Of Science: Problems In The Logic Of Scientific Explanation*, New York: Harcourt, Brace and World.

Nagel, Thomas (1974) "What Is It Like To Be a Bat?", *Philosophy Review*

83 (1974): 435 – 450.

——(1986) *The View from Nowhere*, Oxford University Press.

Noordhof, Paul (1998) "Do Tropes Resolve the Problem of Mental Causation", in *The Philosophical Quarterly*, 48: 191 (1998): 221 – 226.

O'Connor, Timothy (2002) *Persons & Causes: The Metaphysics of Free Will*, Oxford University Press.

O'Connor, Timothy and John Ross Churchill (2010) "Nonreductive Physicalism or Emergent Dualism? The Argument from Mental Causation" in Robert C. Koons and Geogre Bealer (ed.) *The Waning of Materialism*, Oxford University Press.

Oppenheim, Paul and Hilary Putnam (1958) "Unity of Science ads a Working Hypothesis", *Minnesota Studies in the Philosophy of Science*, vol. 2, University of Minnesota Press, 1958.

Papineau, David (2001) "The Rise of Physicalism", in *Physicalism and Its Discontents*, ed. Carl Gillett and Barry Loewer, Cambridge University Press, 2001.

——(2004) *Thinking about Consciousness*, Clarendon Press.

——(2013) "Causation is Macroscopic but Not Irreducible", in *Mental Causation and Ontology*, ed. Gibb, S. C., E. J. Lowe and R. D. Ingthorsson, Oxford University Press, 2013.

Paul, L. A. and Ned Hall (2013) *Causation: A User's Guide*, Oxford University Press.

Pereboom, Derk and Hilary Kornblith (1991) "The Metaphysics of Irreducibility", in *Philosophical Studies: An International Journal for Philosophy in the Analytic Tradition*, 63: 2 (1991): 125 – 145.

Pereboom, Derk (2011) *Consciousness and the Prospects of Physicalism*, Oxford University Press.

Pritchard, Duncan (2007) *Epistemic Luck*, Oxford University Press.

Pockett, Susan, William P. Banks and Shaun Gallagher (2006) *Does Consciousness Cause Behavior*, The MIT Press.

Putnam, Hilary (1960) "Minds and Machines", originally published in *Dimensions of Mind*, ed. Sydney Hook, New York University Press, 1960. Reprinted in Hilary Putnam, *Mind, Language and Reality*, Cambridge University Press 1975.

——(1967) "Psychological Predicates", in *Art, Mind, and Religion*, ed. W. H. Capitan and D. D. Merrill, University of Pittsburgh Press, 1967. Reprinted in *Philosophy of Mind: A Guide and Anthology*, ed. John Heil, Oxford University Press, 2004.

——(1975) *Mind, Language and Reality*, Cambridge University Press.

Raymont, Paul (2003) "Kim on Closure, Exclusion and Nonreductive Physicalism", in *Physicalism and Mental Causation*, ed. Sven Walter and H. D. Heckmann, Imprint Academic, 2003.

Robb, David (1997) "The Properties of Mental Causation", in *The Philosophical Quarterly*, 47: 187 (1997): 178–194.

——(2001) "Reply to Noordhof on Mental Causation", in *The Philosophical Quarterly*, 51: 202 (2001): 90–94.

——(2013) "The Identity Theory as a Solution to the Exclusion Problem", in *Mental Causation and Ontology*, ed. Gibb, S. C., E. J. Lowe and R. D. Ingthorsson, Oxford University Press, 2013.

Ruben, David-Hillel (1993) *Explanation*, Oxford University Press.

Russell, Bertrand (1913) "On the Notion of Cause", in *Proceedings of the Aristotelian Society*, 13 (1913): 1–26.

Ryle, Gilbert (1949) *The Concept of Mind*, Barnes and Noble.

Salmon, Wesley (1984) *Scientific Explanation and the Causal Structure of the World*, Princeton University Press.

Searle, J. R.(1992) *The Rediscovery of the Mind*, The MIT Press.

——(1998)*Mind, Language and Society*, Basic Books.

——(2002) *Consciousness and Language*, Cambridge University Press.

——(2004) *Mind: A Brief Introduction*, Oxford University Press.

Shapiro, L. A. (2004) *The Mind Incarnate*, The MIT Press.

Shoemaker, Sydney (2001) "Realization and Mental Causation, in *Physicalism and Its Discontents*", ed. Carl Gillett and Barry Loewer, Cambridge University Press, 2001.

——(2003) *Identity, Cause, and Mind: Philosophical Essays (expanded edition)*, Clarendon Press.

Sider, Theodore (2003) "What's So Bad About Overdetermination?", in *Philosophy and Phenomenological Research*, 67: 3 (2003): 719–726.

Sider, Theodore, John Hawthorne and D. W. Zimmerman (ed.) (2008)

Contemporary Debates in Metaphysics, Blackwell Publishing.

Smart, J. J. C. (1959) "Sensations and Brain Processes", in *The Philosophical Review*, 68: 2 (1959): 141-156. Reprinted in *Philosophy of Mind: a guide and anthology*, ed. John Heil, Oxford University Press, 2004.

Sosa, Ernest and Michael Tooley (ed.) (1993) *Causation*, Oxford University Press.

Stich, S. P. and T. A. Warfield (ed.) (2002) *The Blackwell Guide to Philosophy of Mind*, Blackwell Publishing.

Stoljar, Daniel (2008) "Distinctions in Distinctions", in *Being Reduced: New Essays on Reduction, Explanation and Causation*, ed. Jakob Hohwy and Jesper Kallestrup, Oxford University Press, 2008.

——(2009) *Ignorance and Imagination: The Epistemic Origin of the Problem of Consciousness*, Oxford University Press.

——(2010) *Physicalism*, Routledge.

Strawson, Galen (2014) *The Secret Connexion: Causation, Realism, and David Hume*, Oxford University Press.

Taylor, Charles (1964) *The Explanation of Behaviour*, Routledge & Kegan Paul.

Tye, Michael (2009) *The Metaphysics of Mind*, Cambridge University Press.

——(2011) *Consciousness Revisited: Materialism without Phenomenal Concepts*, The MIT Press.

Williams, Donald (1953a) "On the Elements of Being I", in *The Review of Metaphyics*, 7: 1 (1953): 3-18.

—— (1953b) "On the Elements of Being II", in *The Review of Metaphyics*, 7: 2 (1953): 171-192.

Walter, Sven and H. D. Heckmann (ed.) (2003) *Physicalism and Mental Causation*, Imprint Academic.

Wilson, Jessica (2006) "On Characterizing the Physical", in *Philosophical Studies* 131: 1 (2006): 61-99.

Woodward, James (2003) *Making Things Happen: A Theory of Causal Explanation*, Oxford University Press.

——(2006) "Sensitive and Insensitive Causation", in *The Philosophical*

Review, 115: 1 (2006): 1 – 50.

——(2008) "Mental Causation and Neural Mechanisms", in *Being Reduced: New Essays on Reduction, Explanation and Causation*, ed. Jakob Hohwy and Jesper Kallestrup, Oxford University Press, 2008.

——(2015) "Interventionism and Causal Exclusion", in *Philosophy and Phenomenological Research*, 81: 2 (2015): 303 – 347.

——(2017) "Intervening in the Exclusion Argument", in *Making a Difference*, ed. Helen Beebee, Christopher Hitchcock and Huw Price, Oxford University Press, 2017 (forthcoming).

Yablo, Stephen (1992) "Mental Causation", in *The Philosophical Review*, 101: 2 (1992): 245 – 280.

——(2008) *Thoughts: Papers on Mind, Meaning, and Modality*, Oxford University Press.

——(2010) *Things: Papers on Objects, Events, and Properties*, Oxford University Press.

Zhong, Lei (2011) "Can Counterfactuals Solve the Exclusion Problem?", in *Philosophy and Phenomenological Research*, 83: 1 (2011): 129 – 147.

——(2012) "Counterfactuals, Regularity and the Autonomy Approach", in *Analysis* 72: 1 (2012): 75 – 85.

——(2014) "Sophisticated Exclusion and Sophisticated Causation", in *The Journal of Philosophy*, 111: 7 (2014): 341 – 360.

——(2015) "Why the Counterfactualist Should still Worry about Downward Causation", in *Erkenn* 80: 1 (2015): 159 – 171.

——(2019) "Taking Emergentism Seriously", in *Australasian Journal of Philosophy*, Published online: 02 May 2019: 1 – 16.

陈晓平（2009）：《下向因果何以存在——兼评金在权对下向因果的消解》，《哲学研究》，2009 年第 1 期。

陈晓平（2011）：《下向因果与感受性——兼评金在权心-身理论》，《现代哲学》，2011 年第 1 期。

陈晓平（2011）：《还原模型与功能主义——兼评金在权的还原的物理主义》，《现代哲学》，2011 年第 4 期。

陈晓平（2015）：《心灵、语言与实在：对笛卡尔心身问题的思考》，人民出版社。

陈晓平（2015）：《感受性问题与物理主义——评金在权"接近充足的物理主

义"》,《哲学分析》,2015 年第 4 期。

程　炼（2005）:《思想与论证》,北京大学出版社。

高新民（2012）:《心灵与身体:心灵哲学中的新二元论探微》,商务印书馆。

韩林合（2003）:《分析的形而上学》,北京:商务印书馆。

洪　谦（2005）:《论逻辑经验主义》,范岱年,梁存秀编,商务印书馆。

黄益民（2014）:《从语言到心灵:一种生活整体主义的研究》,江苏人民出版社。

黄益民（2018）:《心灵因果性的排除论证以及因果的流失论证》,《哲学研究》,2018 年第 7 期。

黄益民（2019）:《因果理论:上向因果性与下向因果性》,《哲学研究》,2019 年第 4 期。

李　龚（2012）:《戴维森与金在权关于心灵因果性的争议》,《长江大学学报（人文社会科学版）》,2012 年第 4 期。

李　龚（2015）:《多重可实现与因果力的本体论》,《深圳大学学报（人文社会科学版）》,2015 年第 1 期。

李　龚（2017）:《解释排斥与事件的本体论》,《自然辩证法通讯》,2017 年第 1 期。

李　龚（2018）:《倾向因果理论、双重阻隔与因果排斥》,《世界哲学》,2018 年第 4 期。

徐向东（2008）:《理解自由意志》,北京大学出版社。

叶　峰（2016）:《从数学哲学到物理主义》,华夏出版社。

叶　峰（2017）:《因果理论与排斥论证》,《自然辩证法通讯》,2017 年第 1 期。

叶　闯（2006）:《理解的条件:戴维森的解释理论》,商务印书馆。

钟　磊（2017）:《平行主义的复兴》,《自然辩证法通讯》,2017 年第 1 期。

后　记

　　1902年5月13日,即将完成《数学原则》的罗素写信告诉妻子艾丽丝:"我对它很不满意,但我觉得自己已经尽力了。我一直思考这本书的问题,无法得到休息,所以打算尽早出版。这不是真正的艺术良心,不过这是我眼下再也不能继续享受的一种奢侈品。"在本书即将付梓刊印之际,笔者很能体会罗素当年的心境。当然,自己与罗素心理上最大的相通之处更多地在于对自己作品的不满。而与罗素疲惫不堪的如释重负感完全不同的是,在当前疫期教学琐务剧繁之余,每当有机会思考起心灵因果性问题,我仍会觉得那是真正的放松。

　　十多年前,对形而上学和身心问题的双重兴趣使我选择了心灵哲学作为自己的研究方向。在心灵哲学中,意识问题是我最初的兴趣所在。但2009至2010年博士期间在美国布朗大学哲学系参加公派联合培养时,克里斯托弗·希尔(Christopher Hill)教授关于意识的课程使我认识到,意识研究绝非是我短期内可以完成的工作。其中,自然科学(尤其认知科学和脑科学)训练的缺乏,在很大程度上制约着对意识本性的探究。意识问题本身可能也远不止是个"形而上学"问题,于是,我转向了另一个更加"形而上学"的领域——心灵因果性问题。之后,我参加了自己外方导师金在权教授开设的心灵哲学和行动理论课程,开始对因果排斥论证产生了兴趣。和一切好的哲学论证一样,我总能明显地感觉到它是有问题的,但是要有说服力地反驳它却绝非易事。后来,我以之作为博士论文的主题完成了撰写工作,并又增补了近年来自己的一些相关研究,最终修订扩充成书。现在呈现在读者面前的这部小书,相当于笔者前一阶段研究工作的一个产物。虽然在论证缜密、文字畅达方面,它还远未达到令人满意的程度。

　　掩卷思人,我尤其要感谢自己在布朗时的导师金在权先生。2019年11月底一个冬日的早晨,在外忽闻先生逝世的噩耗,我顿时一片茫然,终日恍惚不已。作为当代英美心灵哲学最重要的代表性人物之一,金在权的理论渊洽周至,体大思精,能亲承教诲,何其有幸,拙作仅初窥门径而已。还记得在未

后　记

名湖边打印店里等待传真机发来邀请函的那一个个料峭寒夜，是我此前人生最难忘的时刻之一。时至今日，成为教师的我仍难以想象一位世界级的哲学家竟然能为一位籍籍无名的异国学生的注册费、邀请函等琐事一遍遍地亲自奔忙。

同时，要感谢的是我的博士生导师韩林合教授。韩老师治学有乾嘉诸子之风，夙夜强学以待问，启迪后生如不及。其望之俨然，即之也温，知无所蔽，行无少私。仍记得课上每有概念或表述上不清晰之处，韩老师总是当即厉声指出。尤其是，屡与老师争辩后，怃然而退或有不服，但一段时间之后我总能发现他是对的，不由得佩服其洞见如老吏断狱。

然后，还要感谢我的硕士生导师叶闯教授。戴东原谓学问之道有三难：淹博难、识断难、精审难。叶老师博通当代分析哲学诸家，而论学又条理秩然，尤能极敏锐发现论证中的疏漏和错误之处。作为笔者分析哲学道路上的启蒙者，屡蒙关怀，数度在人生和为学抉择之际为我指点要津。其第一流的做人和做学问的方式，我将永为铭记。

此外，还要感谢我在北京大学外哲所和中国人民大学哲学院曾经的所有老师和同学们。于今回望，湖光塔影，依旧明丽，十年北庠，宛如飞翔。老化学楼 227 里师友间切磋的剑气纵横不时仍能浮现，但课后骑着永久二八回宿舍的那种"浴乎沂，风乎舞雩，咏而归"的轻快已不复再寻。

我也要感谢深圳大学的同事、师友和教务秘书的支持和友谊，虽然荔园并不处在学术的中心，但他们为了理想的坚守和默默的耕耘使我真正体会到以学术为志业的宝贵和艰辛。

最后，要感谢的是我的父母和家人。虽然一直以来被心灵在物理世界中的位置这一哲学问题所困扰，但我几乎没有觉得心灵在家庭中的位置是一个问题，因为家人多年来慷慨无私的支持使这已不成其为问题。

本书的写作得到国家社科基金后期资助项目（17FZX032）的支持。在出版过程中，华东师范大学出版社的朱妙津女士和吕振宇先生给予了极大的帮助。在此，一并致谢。

李　奎

二〇二〇年九月二十九日